Deutsch-Stars Lesetraining: Lesen mit Spaß

Willkommen in deinem Stars-Heft!

Mit diesem Lesetraining kannst du selbstständig das Lesen üben:
- im Unterricht, wenn du mit deinen Aufgaben fertig bist.
- zu Hause, wenn du noch mehr üben willst.

Hier gibt es viele bunte Rätselaufgaben!

Und so übst du:
- Bearbeite eine Seite.
- Vergleiche deine Arbeit mit der Lösung und verbessere Fehler.
- Immer, wenn du 2 Seiten geschafft hast, darfst du einen Stern in das Bild ganz hinten im Heft kleben.
- Sternchen-Aufgaben sind schwierig! Wenn du sie richtig gelöst hast, darfst du dir auf diesen Seiten einen zusätzlichen Stern aufkleben.
- Mit den Stars-Checks kannst du dich selbst noch einmal prüfen und zeigen, was du schon alles kannst.
- Zu machen Seiten kannst du dir einen Sachfilm anschauen, den Text vorgelesen bekommen oder mit Hilfe selbst vorlesen.
- Wenn du alle Seiten bearbeitet hast und das Bild mit deinen Sternen fertig ist, bist du ein **Lese-Star**!

Hallo, ich bin Pepe!
Ich begleite dich
durch dein Stars-Heft!

Inhaltsverzeichnis

APP Lösungen

Witze mit Loch

1 In jedem Witz fehlt ein Wort.
Wenn du die Wörter richtig einsetzt,
verstehst du die Witze!

zwei	Tischtuch	Möbelpacker

durcheinander	Bus	anlegen

Zwei Freunde schauen Fußball:

„Ein gutes Spiel", sagt der eine, „nur die Tore fehlen!"

Sagt der andere: „Wieso, da stehen doch _____!"

Treffen sich zwei Rühreier, sagt das eine:

„Irgendwie bin ich so _____!"

Sagt ein Mann: „Geige mag ich lieber als das Klavier!"

Sagt die Frau: „Ach, sind Sie Musiker?"

Antwortet der Mann: „Nein, ich bin _____!"

Gehen zwei Zahnstocher auf der Wiese spazieren. Auf einmal
läuft ein Igel vorbei. Sagt der eine Zahnstocher zum anderen:

„Ich wusste gar nicht, dass hier ein _____ fährt."

Eine Frau rennt völlig außer Atem zum Bootssteg, wirft ihren Koffer
auf das drei Meter entfernte Boot, springt hinterher, zieht sich
mit letzter Kraft über die Reling und schnauft erleichtert: „Geschafft!"
Einer der Seeleute: „Gar nicht so schlecht, aber warum haben Sie
eigentlich nicht gewartet, bis wir _____?"

Treffen sich zwei Gespenster. Fragt das eine Gespenst:

„Hast du den Job im Restaurant bekommen?"

Antwortet das andere: „Ja." Fragt das erste Gespenst: „Als Kellner?"

Sagt das zweite: „Nein, als _____!"

Wusstest du das?

1 Verbinde passend.

Die Küche auf einem Schiff	heißt Cockpit.
Der Steuerraum im Flugzeug	Subtrahieren genannt.
Das Minusrechnen wird auch	ist die Kombüse.

In unserem Sonnensystem	sind Sinnesorgane.
Augen, Ohren, Nase und Zunge	einmal bis zweimal pro Sekunde.
Unser Herz schlägt	ist Jupiter der größte Planet.

Der Knollenblätterpilz	ist das schnellste Landtier.
Der Gepard	ist äußerst giftig.
Die Fledermaus	hat ein hervorragendes Gehör.

Schildkröten können	zum Luftholen auftauchen.
Wale müssen	ist die Giraffe.
Das höchste Landtier	über 250 Jahre alt werden.

Wüsten sind Gebiete,	ist der Mount Everest.
Der längste Fluss der Welt	in denen fast nichts wächst.
Der höchste Berg	ist der Nil.

5

Auf Entdeckungstour

1   Auf meinem Flitzer fahr ich geschwind
bergauf und bergab, schnell wie der Wind!

2   An mir vorbei zieht die Welt wie im Flug,
all meine Sinne erleben genug!

3   Sehe eine Schlange aus Wasser dort!
Glitzernd und glänzend bewegt sie sich fort.

4   Höre ein Konzert, das großartig klingt!
Wer in den Bäumen so wunderbar singt?

5   Rieche einen frischen, süßen Duft!
Steigt er von den Blüten in die Luft?

6   Spüre einen Arm mit Knospen dran!
Wie der mich schlimm zerkratzen kann.

7   Es ist nun Zeit für eine Pause,
dann bringt mein Stahlross mich nach Hause.

1 Wovon erzählt das Gedicht?

☐ von einem Ausritt ☐ von einer Bootsfahrt

☐ von einem Radausflug ☐ von einer Zugfahrt

2 Wie heißt das im Gedicht?
Unterstreiche blau: ein Bach
Unterstreiche rot: ein Ast

3 Was wird wo beschrieben? Trage die Wörter in die Tabelle ein.

sehen   fühlen   hören   riechen

Ast   Bach   Vogelzwitschern   Blütenduft

Strophe	Sinn	Beschreibung von
3		
4		
5		
6		

4 Im Gedicht hat das Fahrrad zwei andere Namen.
Schreibe sie auf.

_____   _____

5 Suche die ähnlichen Begriffe im Gedicht:

Erde: _____   Musikdarbietung: _____

Geruch: _____   furchtbar: _____

Kreuzworträtsel

1 Ein Tier, das fliegen kann und Eier legt.

2 Ein anderes Wort für Papa.

3 Ein anderes Wort für Zoo.

4 Wenn sich etwas nicht unterscheidet, ist es …

5 Zwei Menschen, die verheiratet sind, führen eine …

6 Ein anderes Wort für Großmutter.

7 Südfrucht, die innen gelb und außen braun ist.

8 Die Hälfte von acht.

9 Ein kleines Tier mit Stacheln.

10 Lastentier, das einem Pferd sehr ähnlich sieht.

11 Große Tiere mit langen Rüsseln und Stoßzähnen.

12 Märchengestalt, meist klein, oft mit Flügelchen.

13 Schweres Tier mit einem Horn am Kopf.

14 Sie leuchten in der Nacht am Himmel.

15 Tier mit Euter, das Milch gibt.

16 Ein anderes Wort für die Farbe Violett.

17 Kahler Kopf ohne Haare.

18 Raubtier mit schwarzen Streifen.

19 Ein anderes Wort für Violine.

20 Es wächst auf der Wiese. Getrocknet heißt es Heu.

21 Körner am Strand.

22 Den Weltraum bezeichnet man so.

23 Das unterste Geschoss eines Hauses, unter der Erde.

24 Ein Wassertier, das fliegen und schwimmen kann.

25 Eine sehr große Ortschaft.

26 Kleine Straße, nicht für Autos und Fußgänger.

27 Darin liegen Babys.

9

Gespenster-Fenster

Als Finn sich am Abend wohlig
in sein Bett kuschelte, las Opa ihm
noch seine Lieblingsgruselgeschichte vor.
Finn war todmüde. Es war ein langer
5 Tag gewesen und die Augen fielen ihm
immer wieder zu …

Plötzlich fegte ein Windstoß durch sein Zimmer.
Das Fenster wurde krachend aufgerissen und die Vorhänge
stoben wild auseinander. Mit großen Augen starrte
10 Finn auf das gruselige Geschehen.

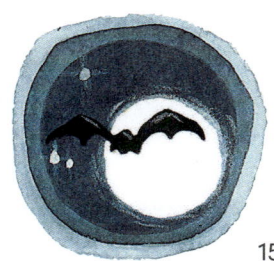

Zwischen zwei dunklen Wolken stand der Vollmond
hoch oben, mitten am Himmel. Links bewegte sich
eine dicke Tanne im Sturm hin und her.
Zwei fette, schwarze Raben krallten sich krächzend
15 im oberen Geäst fest. Sie blickten böse in Finns Zimmer.

Mit einem Mal erfüllte ein unheimliches Dröhnen und Donnern
die Nacht. Grelle Blitze zuckten am Himmel. Von rechts raste
ein schwarzes Pferd im gestreckten Galopp heran. Im Sattel
saß ein weißes Gespenst mit einem rotglühenden Schwert
20 in der linken Hand. Finn erschauderte vor Angst.
Er stieß einen gellenden Schrei aus und schlug
um sich. Er zitterte am ganzen Körper.

Da ging ein helles Licht an. Mit weit
aufgerissenen Augen saß Finn im Bett.
25 „Du hast geträumt, mein Junge",
sagte eine vertraute Stimme.
„Ich schließe schnell das Fenster.
Ein Gewitter tobt über dem Haus."

APP Audio: zuhören

1 Was sieht Finn in seinem Traum? Male.

Funsportarten

Stand-up-Paddling

Stand-**u**p-**P**addling (abgekürzt SUP) ist eine Wassersportart.
Du stehst dabei aufrecht auf einem stabilen Brett, dem „Board".
Mit beiden Händen umfasst du ein langes Paddel. Das tauchst du
zuerst auf der einen und dann auf der anderen Seite ins Wasser.
Dabei schiebst du das Wasser nach hinten. So fährst du geradeaus.
Falls du doch mal ins Wasser fällst, solltest du eine Schwimmweste tragen.

Slacklining

„Slack" ist Englisch und bedeutet locker, „line" heißt Band.
Die Slackline ist ein lockeres Band, das in Kniehöhe zwischen
zwei Bäume gespannt wird. Slackliner üben meistens in Parks.
Sie balancieren auf dem Band von der einen zur anderen Seite.
Profis springen darauf einen Salto oder balancieren über Schluchten.

Hobby Horsing

Hobby Horsing ist wie Springreiten – bloß ohne echtes Pferd. Es ist eine
Sportart, bei der du ein Steckenpferd reitest. Also auf einem Stock
mit einem Pferdekopf aus Stoff, Mähne und Zaumzeug.
Du hältst das Steckenpferd zwischen deinen Beinen
und galoppierst damit durch einen Parcours oder
springst über Hindernisse wie im Pferdesport.

Bouldern

Bouldern ist Klettern an einer speziellen Kletterwand in einer Kletterhalle.
So eine Wand ist meist nicht höher als 4–5 Meter. Farbige Griffe und Tritte
zeigen dir eine bestimmte Kletterroute und den Schwierigkeitsgrad an.
Unten liegen weiche Matten, die dich auffangen, solltest du fallen.
Seit einigen Jahren ist Bouldern sogar eine olympische Disziplin.

APP Audio: zuhören

1 Bewerte die Aussagen, kreuze in der Tabelle an.

1
Hobby Horsing ist wie reiten ohne Pferd.

2
SUP ist die Abkürzung für Stand-up-Paddling.

3
Beim Bouldern klettere ich mindestens 10 Meter hoch.

5
Beim Stand-up-Paddling brauchst du keine Schwimmweste zu tragen.

4
Beim Bouldern liegen weiche Matten am Boden.

6
Wenn ich abwechselnd links und rechts paddle, fahre ich geradeaus.

7
Slacklining kann man in jedem Alter erlernen.

8
Einen Stock mit Pferdekopf aus Stoff nennt man Steckenpferd.

Aussage	richtig	falsch	kommt im Text nicht vor
1			
2			
3			
4			
5			
6			
7			
8			

13

Die Schildbürger säen Salz

Vor langer Zeit lebten in der Stadt Schilda die Schildbürger,
die noch heute bei kleinen und großen Leuten für ihre Dummheit
bekannt sind.

Eines schönen Tages wurde in Schilda das Salz knapp und

5 die Schildbürger befürchteten, dass sie bald Suppe, Kartoffeln und
Fleisch salzlos verzehren müssten. Sie dachten lange darüber nach,
was zu tun wäre, und kamen schließlich zu dem Schluss, Salz
anzubauen! So wie der Weizen aus dem Korn wächst, so müsste
auch das Salz aus dem Korn wachsen, glaubten die Schildbürger.

10 So machten sie sich daran, ein großes Feld umzugraben und säten
Salzkörner darin aus. Der trockene Boden wurde nun Tag um Tag kräftig
bewässert. Es dauerte nicht lange, da wuchsen grüne Büsche empor,
dass es eine Lust war, und die Schildbürger rechneten sich schon aus,
wie viel Salz sie aus dem „Salzkraut" ernten würden.

15 Einmal gerieten einige Kinder beim Spielen auf den Acker.
Sie waren barfuß und sprangen sofort kreischend wieder heraus.
„Es beißt schon!", riefen sie aufgeregt.
„Das Salz ist reif!", freuten sich da die Schildbürger. Sie ließen ihre
Arbeit liegen und fuhren mit Sensen und Sicheln eiligst zum Acker,

20 um zu ernten.
Doch das Salzkraut biss derartig, dass alle schreiend aus dem Feld
rannten. Zu Hause steckten sie ihre brennenden Hände, Arme
und Beine in kaltes Wasser und meinten:
„Es hat keinen Zweck. Das Salz ist zu salzig!"

25 Ihr wisst natürlich, was da auf dem Feld gewachsen war
und was so beißen konnte! Es waren Brennnesseln!

1 Welche Überschriften passen noch? Unterstreiche.

Der versalzene Acker

Salzanbau lohnt sich

Keine Zeit für Ackerbau

Der Salzanbau in Schilda

2 Warum wollten die Schildbürger Salz anbauen?
Streiche falsche Aussagen durch.

Sie brauchten das Salz zum Baden.

Sie fanden es wichtig, ihr Essen mit Salz zu würzen.

Sie wollten mit Salz handeln und Geld verdienen.

3 Was riefen die Kinder, als sie auf den Salzacker gerieten?
Unterstreiche im Text.

4 Welches andere Wort für „Acker" wird in der Geschichte verwendet?

_____

5 Überlege: Was würden wohl die Schildbürger tun?

Im Haus ist es dunkel, weil es keine Fenster hat.

☐ Die Schildbürger bauen Fenster ein.

☐ Sie tragen das Sonnenlicht mit Säcken und Körben hinein.

Holzlatten passen nicht quer durch ein Tor.

☐ Sie reißen das Tor ein, um es zu verbreitern.

☐ Sie tragen die Holzlatten längs durchs Tor.

Das Pferd hat ein Hufeisen verloren.

☐ Sie tragen das Pferd zum Hufschmied.

☐ Sie holen den Hufschmied.

So oder so

1 Manche können immer lachen,

2 manche auch mal traurig sein.

3 Manche wolln's gemeinsam machen,

4 manche gern auch mal allein.

5 Manche greifen nach den Sternen,

6 manche halten sich zurück.

7 Manche zieht's in weite Fernen,

8 manche suchen nahes Glück.

9 Manche mögen Städte-Trubel,

10 manche ruft die Ruhe mehr.

11 Manche lieben lauten Jubel,

12 manche stilles Lächeln sehr.

13 Manche haben Spaß an Spielen,

14 wollen nur auf Tore zielen.

15 Manche freuen sich am Lesen,

16 über fremde Welten, Wesen.

17 Aber frag mich, was im Leben

18 hat das meiste Glück gegeben?

19 Diese Antwort kommt geschwind:

20 Schön, dass wir verschieden sind!

1 Wozu passen die Aussagen der Kinder?
Schreibe die Zeilennummern auf.

Ich bin am liebsten mit meinen Freunden zusammen. _____

Ich mache gerne einen Einkaufsbummel, die vielen Leute stören mich gar nicht. _____

Wenn ich mich freue, schreie ich gerne laut. _____

Die Stille am See mag ich sehr. _____

Ich liebe es, mit meinem Fantasy-Buch im Sitzsack zu sitzen. _____, _____

2 Was bedeuten diese Redewendungen? Verbinde.

Wer nahes Glück sucht,

Wen es in die Ferne zieht,

Wer nach den Sternen greift,

verreist gerne.

will viel erreichen.

ist gerne zu Hause.

3 Was sagt das Gedicht aus? Kreuze passende Sätze an.

☐ Niemand kann im Leben glücklich sein.

☐ Für jeden Menschen bedeutet Glück etwas anderes.

☐ Es ist gut, dass Menschen unterschiedlich sind.

☐ Ruhe ist besser als lauter Trubel.

☐ Jeder Mensch kann auf seine Art zufrieden sein.

☐ Fußball macht alle glücklich.

☐ Es gibt viele Möglichkeiten, das Leben zu gestalten.

☐ Weil wir alle unterschiedlich sind, ist die Welt so schön bunt.

Die Geschichte des Fahrrads

Karl von Drais lebte in Karlsruhe. Er war Förster und musste täglich
eine weite Strecke gehen, um seinen Beruf ausüben zu können.
Da er auch ein Tüftler und Erfinder war, hatte er eines Tages
eine geniale Idee: Er erfand im Jahr 1817 ein Laufrad,

5 fast ganz aus Holz, mit lenkbarem Vorderrad.
Er fuhr damit, indem er sich mit den Füßen
vom Boden abstieß. Bergab rollte er frei dahin.
Damit konnte er Geschwindigkeiten bis zu 15 km in der Stunde
erreichen! Das Gefährt wurde nach seinem Erfinder „Draisine" benannt.

10 Man kann es noch heute im Museum seiner Heimatstadt bewundern.

Etwa 44 Jahre später baute man in Frankreich
ein Tretkurbelrad, das sogenannte „Veloziped".
Dieses Rad war fortschrittlich mit einem
Metallrahmen und Bremsen ausgestattet.
15 Am Vorderrad befand sich ein Pedalantrieb.

Im Jahr 1870 wurde in England eine neuartige
Fortbewegungsmaschine erfunden: das Hochrad.
Hier war das Hinterrad winzig klein. Das Vorderrad aber,
mit dem Sattel hoch oben und den Pedalen in der Mitte,
20 war riesig. Es hatte einen Durchmesser bis zu 150 cm!
Ungeschickte Fahrer fielen bei ihren Ausfahrten oft
kopfüber auf die Nase!
Etwa 17 Jahre später kamen in England die ersten Sicherheitsfahrräder
auf den Markt. Diese hatten zwei gleich große Reifen und einen
25 Kettenantrieb zum Hinterrad.

Seither hat sich die Form des Rades kaum verändert,
nur die Ausstattung wurde immer besser:
zum Beispiel luftgefüllte Gummireifen, Federung,
Bremsen, Gangschaltung, Elektroantrieb.

1 Wie trieb Karl von Drais sein Laufrad an?
Suche die Textstelle und unterstreiche den Satz.

2 Fülle die Tabelle aus.

Name			
Land			
Jahr			

3 Kreuze alle richtigen Erklärungen zu den Wörtern an.

Hochrad

☐ Fahrrad mit großem Hinterrad.

☐ Fahrrad mit Sattel über dem Vorderrad.

☐ Fahrrad ohne Pedale.

Draisine

☐ Fahrrad fast ganz aus Holz.

☐ Fahrrad mit Tretkurbel am Hinterrad.

☐ Fahrrad mit lenkbarem Vorderrad.

Veloziped

☐ Fahrrad mit Bremsen.

☐ Fahrrad mit luftbereiften Rädern.

☐ Fahrrad mit Pedalantrieb am Vorderrad.

4 Wie heißen die drei Verbesserungen, durch die sich
das Tretkurbelrad von der Draisine unterschied?

a) _____

b) _____

c) _____

APP   Video: Sachfilm

19

Zeitungsartikel

Sofort-Zeitung *Inverness, 23. April*

Nessi wieder aufgetaucht?

Nessie, das Ungeheuer von Loch Ness, dem berühmten See in Schottland, hat sich wieder gezeigt. Mit seiner Länge von beinahe 20 Metern ließ die berühmte Seeschlange dem Ehepaar Brown das Blut in den Adern gefrieren.

Das Paar aus Inverness machte gerade einen Spaziergang am See, als plötzlich eine gewaltige Fontäne, nur wenige Meter vom Ufer entfernt, in die Höhe spritzte. Da sahen sie sich einem Ungetüm mit einem riesigen Kopf und einem langen Hals gegenüber. Mr und Ms Brown haben sich von dem Schock noch immer nicht ganz erholt. „Gott sei Dank hat uns das Monster nicht angegriffen, sondern ist gleich wieder abgetaucht!", berichtete die Ehefrau schaudernd unserer Zeitung.

Loch Ness ist ein sehr unheimlicher See. Er ist ungefähr 37 km lang, 1,5 km breit und ungewöhnlich tief. Das Wasser ist so trüb, dass Taucher kaum etwas sehen können. Eine dicke Schlammschicht bedeckt den Boden des Sees. Versteckt sich hier das Ungeheuer? Seltsam ist zudem, dass die Wassertemperatur auch in den heißesten Monaten nie über kalte 7 Grad Celsius steigt. Dagegen friert der See im Winter niemals zu.

Laut Aufzeichnungen wurde das Seeungeheuer zum ersten Mal im Jahre 565 gesichtet, als es einige Fischer angriff. Einer Legende nach soll ein irischer Mönch namens Columban damals das Ungeheuer vertrieben haben. So konnte ein größeres Unglück verhindert werden.

Angeblich wurde Nessie seither schon über 4000-mal gesichtet. Nun ist erneut das Interesse der Öffentlichkeit geweckt worden. Bisher ist es nicht gelungen, das Geheimnis um das Seeungeheuer zufriedenstellend zu lüften.

APP Video: Sachfilm

Loch Ness ist ein _____ in _____.

Nessis Körperlänge wird auf _____ geschätzt.

Das in _____ lebende Ehepaar Brown machte

einen _____ am See.

Mr und Ms Brown berichteten der Sofort-_____

von ihrem erschreckenden Erlebnis.

Sie beschreiben das Ungeheuer mit einem riesigen _____ und

einem langen _____.

Der sehr unheimliche See hat eine Länge von etwa _____,

ist 1,5 km _____ und ungewöhnlich _____.

Das Ungeheuer könnte sich in der dicken _____

verstecken.

Dass die Wassertemperatur nie über 7 Grad ansteigt,

ist _____.

Im Winter _____ der _____ niemals zu.

Aufzeichnungen belegen, dass das Ungeheuer

im Jahre _____ zum _____ Mal gesichtet wurde.

Seither soll Nessie sich angeblich schon über _____

gezeigt haben.

Bisher gelang es nicht, das _____ um das

Seeungeheuer zu lüften.

Fußball-Fachwörter

Gilda und Henry sind Zwillinge. Vielleicht machen sie deshalb
so viel zusammen, auch Fußballspielen. Wenn sie in der Freizeit
nicht auf dem Rasen dem Ball hinterherjagen,
machen sie gerne Quizspiele. Für Quizfragen
zum Thema Fußball könnte man sie auch
nachts wecken. Hier haben sie dir ein paar
Fachwörter zusammengestellt. Kennst du
die Bedeutung? Du darfst die Aufgabe
natürlich auch tagsüber machen.

(1) Verbinde das Fachwort mit der Erklärung.
Trage die Buchstaben für das Lösungswort ein.

1 Anstoß	Regelverstoß	**D**
2 dribbeln	Ball durch die Beine schießen	**B**
3 Foul	Ball beim Laufen am Fuß mitführen	**I**
4 Fußball-Profi	hat Fußball als Beruf	**E**
5 Goal	Ball steil sehr hoch schießen	**E**
6 Gurke	Tor	**O**
7 Kerze	Platzverweis mit Sperre für ein Spiel	**E**
8 passen	Beginn des Spiels	**V**
9 Rote Karte	hat die Aufgabe, Tore zu schießen	**I**
10 Stürmerin	soll gegnerische Tore verhindern	**S**
11 Verteidiger	einen Ball zuspielen	**W**

___ ___ ___ ___ ___ ___ ___ ___ ___ ___ ___
 1   **2**   **3**   **4**   **5**   **6**   **7**   **8**   **9** **10** **11**

Der Wendelstein

In Bayern gibt es einen Berg in den Alpen, von dem die Aussicht
besonders schön ist: den Wendelstein. Diese Sage wird über ihn erzählt:

Vor langer, langer Zeit waren in den Höhlen des Berges Gold, Silber und
Edelsteine verborgen. Kleine Wichte hüteten die Schätze. Diese Männlein
5 waren gutherzige und hilfsbereite Wesen. Wenn ein Hirte mit seinen Tieren
in den Bergen Hilfe brauchte, waren sie da. Nachts verrichteten sie für
die Menschen, die auf einer Alm lebten, schwere Arbeiten. Und manchmal
legten sie den Almbewohnern sogar einen Edelstein oder etwas Gold hin.
Als ein paar habgierige Leute aus dem Tal von den verborgenen Schätzen
10 hörten, wollten sie diese stehlen. Sie stiegen auf den Gipfel und hielten
Ausschau, bis sie die Zwerge entdeckten. Aber als sie in die Höhlen
eindrangen, um das Gold und die Edelsteine zu rauben, verwandelten
sich die Schätze in wertlosen Eisenstein! Von diesem Tag an waren
die Winzlinge für immer verschwunden. Der Name „Wendelstein"
15 soll an den wundersamen Wandel der Steine erinnern.

1 Was erklärt die Sage?

- [ ] wie aus Eisen Gold wird
- [ ] wie ein Berg zu seinem Namen kam
- [ ] wo der Wendelstein genau liegt

2 Es kommen Fantasiewesen und Menschen in der Sage vor.
Unterstreiche Fantasiewesen <u>blau</u> und Menschen <u>grün</u>.

3 Es gibt verschiedene Sagen.
Was für eine Sage ist „Der Wendelstein"?

- [ ] eine Heldensage, die von einer berühmten Person handelt
- [ ] eine Volkssage, die etwas über einen Ort oder eine Landschaft erklärt
- [ ] eine Göttersage, weil sie erzählt, wie Götter die Welt erschufen

23

Die verflixte Fernglas-Suche

Wir saßen nach dem Frühstück noch am Tisch,
als aus dem Flur der Klingelton von Papas Handy
zu hören war. Papa telefonierte nur kurz.
„Das war Tante Rosa", sagte er. „Sie braucht ihr Fernglas zurück.
5   Sie will morgen die Vögel im Park beobachten. Aber wo habe ich
den Feldstecher bloß hingelegt?" Papa schaute durch den Raum.
„Na, dann viel Glück bei der Suche", sagte Mama und lachte.
Ordnung ist nämlich nicht unsere Stärke. Papa durchwühlte Schränke
und Schubladen im ganzen Haus. In der Schublade im Badschrank
10 fand er die rote Mütze, die Mama seit dem letzten Wanderausflug
vermisste. Mama freute sich, die Mütze wiederzuhaben,
und übernahm das Suchen für Papa.
Sie ging in den Keller, sah in alle Regale und schaute zwischen
den Gartensachen nach. Dabei stieß sie auf den Hockey-Schläger,
15 den meine Schwester Luisa am Tag zuvor noch gesucht hatte.
„Na, dann bist du jetzt an der Reihe", sagte Mama zu Luisa.
Die wusste nicht, ob sie sich freuen oder ärgern sollte. Aber dann
nahm Luisa sich den Eingangsbereich vor und durchsuchte alle Sachen
an der Garderobe und sogar den Schirmständer. Darin fand sie
20 ganz unten den Zauberwürfel, den Tobi seit drei Tagen vermisste.
Tobi war froh und verkündete: „Na, dann suche ich weiter!"
Er stapfte auf den Dachboden und sah in Koffern und Kisten nach.
„Marla!", rief er plötzlich. „Du glaubst nicht, was in einer der Kisten liegt!"
Genervt rief ich: „Was denn?" Ich hatte mir gerade meinen Krimi geholt.
25 „Dein Freischwimmerabzeichen, das du seit dem Sommer vermisst!"
Ich legte den Krimi weg, jetzt war ich an der Reihe. Ich ging zur großen
Truhe in der Garage, in der wir Rucksäcke und allen möglichen
Krimskrams aufbewahrten. Tante Rosa hatte Papa das Fernglas für
die Wanderung geliehen. Und da lag es – im Rucksack meines Vaters.
30 Mit so viel Ordnung hatte niemand gerechnet.

1 Wie viele Kinder hat die Familie? _____

2 Wie heißt das Kind, das die Geschichte erzählt? _____

3 Welches andere Wort für Fernglas wird in der Geschichte verwendet?

_____

4 Wer sucht wo? Male in derselben Farbe aus.

| Papa | Mama | Luisa | Tobi | Marla |

| in den Schränken | in Kisten | an der Garderobe | im Rucksack |

| zwischen den Gartensachen | in allen Regalen | in der großen Truhe |

| in den Schubladen | in der Garage | im Eingangsbereich |

| im Keller | auf dem Dachboden | in Koffern | im Schirmständer |

5 Was wird während der Suche von wem gefunden?
Ergänze.

| Mütze | Hockey-Schläger | Zauberwürfel |
| Freischwimmerabzeichen | Fernglas |

Papa findet die _____ von _____.

Sie entdeckt den _____ von _____.

Sie findet den _____ von _____.

Er findet das _____ von _____.

Sie entdeckt, wo das _____ von _____ liegt.

So fern und doch ganz nah

1 Du bist vor kurzem umgezogen,
bist dazu ganz weit weg geflogen.
Alaska ist in großer Ferne –
bei dir wär ich heut wirklich gerne!

2 „Kein Problem!", mailst du mir nun.
„Ich hab gerade nichts zu tun!
Treffen wir uns gleich bei mir,
ich zeige dir die Landschaft hier!"

3 Ich schalte den Computer an
und sehe wenig später dann,
viel Eis und Schnee vor deinem Haus,
denn du gehst mit dem Handy raus.

4 Auf dem Bildschirm seh ich klar,
ein Land, in dem ich niemals war.
Der Winter dauert bei dir lang!
Hier ist der Frühling längst im Gang.

5 Bei dir ist es erst früh um zehn,
zur Schule musst du heut nicht gehn.
Es liegt vor dir ein freier Tag,
der hier zu Ende gehen mag.

6 „Hey, das ist eine tolle Reise!
Cool, wie das klappt auf diese Weise!",
sag ich zu dir und freue mich.
Bist du auch fern: Ich sehe dich!

1 Janina erzählt ihrem Opa von dem Videoanruf bei ihrem Freund Samuel. Was sagt sie? Setze passende Wörter aus dem Gedicht in die Geschichte ein. Achte auf die passende Zeit.

Opa, du weißt doch, dass mein Freund Samuel mit seiner Familie

_____ ist. Er lebt jetzt in _____.

Zum Glück kann ich ihn aber immer noch sehen, wenn ich

meinen _____ einschalte. Letzten Sonntag haben

Sami und ich beide nichts vorgehabt und wir mussten ja auch nicht

in die _____ gehen. Das war super, weil wir uns

dann mithilfe eines Videoanrufs _____ konnten.

Ich _____ mich so, ihn zu sehen! Bei ihm war

es gerade _____ Uhr am Morgen. Bei mir ging

der freie Tag schon _____ _____. Es war 19 Uhr

hier in Deutschland. Sami hat mich mit dem _____

seines Papas angerufen. Damit ist er vor sein Haus gegangen und hat

mir die _____ gezeigt. Stell dir vor, Opa, es war noch

überall ganz viel _____ und _____!

Immerhin ist es ja schon Ende April und _____ .

Aber bei Sami dauert der Winter sehr _____!

Das mit dem Videoanruf ist schon echt praktisch, was Opa?!

Ich kann eine kurze _____ zu meinem Freund machen,

ohne in das Flugzeug zu steigen!

Der Gute-Taten-Baum

Die Klasse 4 a hat einen ganz besonderen Baum „gepflanzt":
Die Kinder haben einen Gute-Taten-Baum gemalt. Jedes Kind, das
eine gute Tat getan hat, darf seinen Namen auf ein Blatt schreiben.
Die Kinder berichten:

Lona: „Als ich hingefallen bin, hat Simon mir aufgeholfen und
ein Pflaster für mein blutendes Knie besorgt."

Alena: „Ich habe den 5-Euro-Schein, den ich auf dem Pausenhof
gefunden habe, im Sekretariat abgegeben."

Ezra: „Wenn wir in der Klasse diskutieren, höre ich zu und
lasse die anderen ausreden, bevor ich antworte."

Lisa: „Als Lina und Bea sich gestritten haben, wer ins Tor darf,
habe ich vorgeschlagen, dass sie sich abwechseln sollen."

Piet: „Ich bewundere, dass Emil gleich zugegeben hat, dass er
die Vase runtergeworfen hat, obwohl ihn niemand gesehen hat."

Ulli: „Ich finde es toll, dass Silvi nicht aufgibt, den Handstand zu üben."

Liam: „Anuk hat geweint, weil Tessa aus Versehen auf seinen Füller
getreten ist. Jana hat Anuk getröstet und ihm einen Füller geliehen."

Mia: „Ich finde es besser, kein Fleisch zu essen. Sara und Tom
mögen aber am liebsten Grillwürste. Deswegen bin ich auch dafür,
dass es beim Sommerfest nicht nur Gemüsespieße gibt."

Amir: „Ich bin froh, dass mir Leon die Hausaufgaben gebracht hat,
als ich mir das Bein gebrochen hatte."

Anne: „Bruno und Matz hätten sich fast geprügelt, wenn Jakob
nicht vermittelt hätte."

1 Lies die Aussagen der Kinder genau. Welches Kind hat welche gute Tat getan? Ergänze die Namen auf dem Gute-Taten-Baum.

Klangzauber

Tonversuche

1 Halte ein Din-A-4 Blatt in die Höhe. Schlage mit einem Stift dagegen. Verwende nun ein halb so großes Blatt und mache das gleiche. Vergleiche die beiden Töne. Du kannst anschließend ein noch kleineres Blatt verwenden. Höre genau: Wann ist der Ton höher, wann ist er tiefer?

2 Nimm zwei Papprohre von Küchenrollen. Schneide ein Rohr in der Mitte durch. Schlage erst das lange Rohr gegen den Tisch. Schlage dann das kürzere Rohr gegen den Tisch. Vergleiche die beiden Töne. Welcher Ton ist höher, welcher Ton ist tiefer?

3 Spanne einen Gummi locker zwischen Daumen und kleinem Finger. Zupfe daran. Bewege jetzt Daumen und kleinen Finger etwas auseinander, sodass sich der Gummi stärker spannt. Zupfe wieder daran und vergleiche die Töne. Probiere aus, was mit dem Ton passiert, wenn du den Gummi noch mehr spannst.

Vorsicht, der Gummi reißt bei zu hoher Spannung!

Instrumente

A Die Harfe hat viele verschieden lange Saiten. Je stärker man die einzelne Saite spannt, desto höher wird der Ton. Mithilfe eines Stimmstiftes am Ende der Saite kann man so einen bestimmten Ton durch Spannung und Entspannung der Saite einstellen.

B Boomwhackers gibt es in verschiedenen Längen. Die tiefere Note D ist ein langes Rohr aus Plastik. Höher ist die Note G, die mit einem kürzeren Rohr gespielt wird als das D.

C Das Xylophon besteht aus verschieden großen Holzklangstäben. Der tiefste Ton wird von dem größten Holzklangstab erzeugt.

1 Wie heißen diese Instrumente?

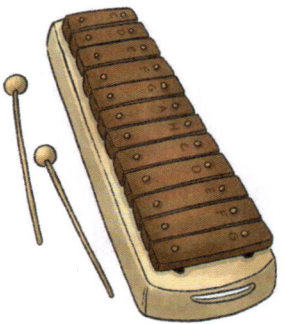  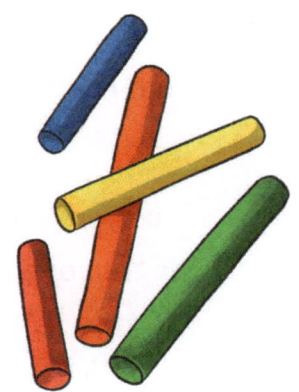

_____   _____   _____

2 Welcher **Tonversuch** passt zu welchem **Instrument**?
Umkreise die Zahl und den Buchstaben in derselben Farbe.

3 Eine Geige hat vier Saiten. Jede Saite kann
auf einen bestimmten Ton gestimmt werden.
Muss die Saite gespannt oder entspannt werden,
wenn ihr Ton zu tief ist?

_____

4 Kreuze richtige Aussagen an.

☐ Je stärker eine Saite gespannt ist, desto höher ist der Ton.

☐ Kürzere Rohre erzeugen tiefere Töne als längere Rohre.

☐ Die Note G wird auf einem kleineren Holzklangstab gespielt als das D.

☐ Je kleiner ein Blatt ist, desto tiefer hört sich der Ton an.

Eine Sage zum Wohnort

Die Klasse 4 c in Heckinghausen, einem kleinen Stadtviertel
in Wuppertal, hat Sagen im Unterricht kennengelernt. Jetzt wollen
die Kinder ein eigenes Sagen-Buch zu ihrem Wohnort schreiben.
Sina hat diese Sage geschrieben:

Das Heckenhaus

Vor tausend Jahren gab es nur einen einzigen Hof in dieser
Gegend. Weit und breit stand kein anderes Haus. Das Leben war
für die Menschen, die dort zu Hause waren, aber nicht nur
einsam. Es war auch sehr gefährlich! Oft schlichen hungrige
Wölfe und andere Wildtiere um das Haus und die Weide.
Sie töteten Schafe und Hühner. Auch Räuber zogen durch die
Gegend und überfielen die Menschen auf dem Hof und stahlen
ihre Sachen. Die Familie, der der Hof gehörte, wollte das nicht
länger mitmachen. Sie waren es leid, immer Angst um sich und
ihre Tiere zu haben. Die Hofherrin und der Hofherr hatten
schließlich eine Idee:
Sie pflanzten mit ihren Kindern zusammen eine Hecke um den
Hof. Die Hecke wuchs so schnell und so dicht, dass bereits
nach einem Tag nur noch das Dach des Hauses zu sehen war!
Am nächsten Tag war selbst das Dach nicht mehr zu sehen!
Niemand ahnte, dass hinter dem dichten Grün eine Familie
mit Nutztieren lebte. Die Wölfe schlichen sich fort und Räuber
ritten in einem Bogen vorbei.
Der Hof wurde später „Heckenhaus" genannt. Bis heute ist dort
ein ganzes Wohnviertel gewachsen. Es heißt „Heckinghausen"
und gehört zur Stadt Wuppertal. Der Name erinnert immer noch
an die Hecken, die damals das Leben der Menschen und Tiere
auf dem einsamen Hof schützten.

1 Du hast die Sage „Das Heckenhaus" gelesen.
Welche Sätze stimmen nicht? Streiche sie durch.

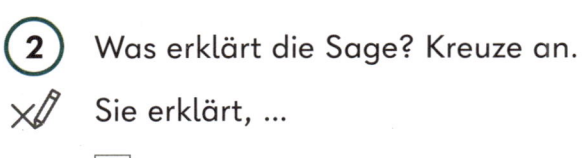

Früher gab es ein Dorf mit mehreren Häusern.

Vor tausend Jahren gab es einen einsamen, schutzlosen Hof.

Wölfe und Wildtiere rissen die Nutztiere der Familie.

Räuberbanden kamen ihnen zur Hilfe.

Oft wurde die Familie von Räubern überfallen.

Die ganze Familie baute eine hohe Mauer um den Hof.

Eine hohe Hecke sollte die Menschen und Tiere schützen.

Es dauerte drei Jahre, bis die Hecke hoch genug war.

Der Hof mit der hohen Hecke wurde „Heckenhaus" genannt.

In der Sage ist alles nur ausgedacht.

Die Sage erzählt mit viel Fantasie über einen Ort, den es tatsächlich gibt.

2 Was erklärt die Sage? Kreuze an.

Sie erklärt, ...

☐ wie man eine Hecke pflanzen muss, damit sie gut wächst.

☐ wie es zum Ortsnamen Heckinghausen kam.

☐ wie die Stadt Wuppertal entstand.

3 Sina hat beim Schreiben drei Merkmale von Sagen beachtet.
Verbinde passend.

| eine Zeitangabe | ● | ● | den Ort Heckinghausen |

| etwas, das es wirklich gibt | ● | ● | eine superschnell wachsende Hecke |

| etwas Fantastisches | ● | ● | vor tausend Jahren |

Stars-Check: Gedichte

1 Der Herbst zeigt sich als bunter Mann,
2 bringt Farben überall heran.
3 Die Blätter tanzen mit dem Wind,
4 so fröhlich, wie nur Blätter sind.

5 Des Sommers Hitze langsam weicht,
6 die Kühle durch die Nächte streicht.
7 Die Tiere suchen sich ein Nest,
8 gestalten es gut wetterfest.

9 Der Nebel hüllt sich um die Sonne.
10 Vorbei der langen Tage Wonne.
11 Es werden kürzer schnell die Tage,
12 bald kommt der Winter – keine Frage.

1 Wozu passen die Sätze? Schreibe die Strophen und die Zeilen auf.

Es ist oft neblig.   Strophe _____, Zeile _____

Im Herbst werden die Blätter bunt.   Strophe _____, Zeilen _____, _____

Der Wind wirbelt das Laub auf.   Strophe _____, Zeilen _____, _____

Tiere bereiten sich auf den Winter vor.   Strophe _____, Zeilen _____, _____

Es wird abends eher dunkel.   Strophe _____, Zeile _____

Die heißen Sommertage sind vorbei.   Strophe _____, Zeilen _____, _____

                                                     Strophe _____, Zeile _____

2 Welche Zeile passt zu einem Frühlingsgedicht?

☐ Eine weiße Decke legt sich übers Land.

☐ Die Sonne lacht und lädt zum Baden ein.

☐ Die Natur erwacht aus tiefem Schlaf.

 Check

Lösungen Deutsch-Stars Lesetraining 4

(zum Heraustrennen die mittlere Klammer lösen)

Witze mit Loch

1 In jedem Witz fehlt ein Wort.
Wenn du die Wörter richtig einsetzt,
verstehst du die Witze!

| zwei | Tischtuch | Möbelpacker |
| durcheinander | Bus | anlegen |

Zwei Freunde schauen Fußball:
„Ein gutes Spiel", sagt der eine, „nur die Tore fehlen!"
Sagt der andere: „Wieso, da stehen doch **zwei**!"

Treffen sich zwei Rühreier, sagt das eine:
„Irgendwie bin ich so **durcheinander**!"

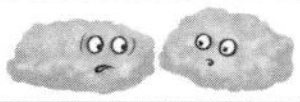

Sagt ein Mann: „Geige mag ich lieber als das Klavier!"
Sagt die Frau: „Ach, sind Sie Musiker?"
Antwortet der Mann: „Nein, ich bin **Möbelpacker**!"

Gehen zwei Zahnstocher auf der Wiese spazieren. Auf einmal
läuft ein Igel vorbei. Sagt der eine Zahnstocher zum anderen:
„Ich wusste gar nicht, dass hier ein **Bus** fährt."

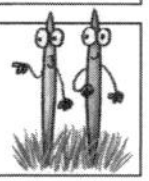

Eine Frau rennt völlig außer Atem zum Bootssteg, wirft ihren Koffer
auf das drei Meter entfernte Boot, springt hinterher, zieht sich
mit letzter Kraft über die Reling und schnauft erleichtert: „Geschafft!"
Einer der Seeleute: „Gar nicht so schlecht, aber warum haben Sie
eigentlich nicht gewartet, bis wir **anlegen**?"

Treffen sich zwei Gespenster. Fragt das eine Gespenst:
„Hast du den Job im Restaurant bekommen?"
Antwortet das andere: „Ja." Fragt das erste Gespenst: „Als Kellner?"
Sagt das zweite: „Nein, als **Tischtuch**!"

4

Wusstest du das?

1 Verbinde passend.

Die Küche auf einem Schiff — ist die Kombüse.
Der Steuerraum im Flugzeug — heißt Cockpit.
Das Minusrechnen wird auch — Subtrahieren genannt.

In unserem Sonnensystem — ist Jupiter der größte Planet.
Augen, Ohren, Nase und Zunge — sind Sinnesorgane.
Unser Herz schlägt — einmal bis zweimal pro Sekunde.

Der Knollenblätterpilz — ist äußerst giftig.
Der Gepard — ist das schnellste Landtier.
Die Fledermaus — hat ein hervorragendes Gehör.

Schildkröten können — über 250 Jahre alt werden.
Wale müssen — zum Luftholen auftauchen.
Das höchste Landtier — ist die Giraffe.

Wüsten sind Gebiete, — in denen fast nichts wächst.
Der längste Fluss der Welt — ist der Nil.
Der höchste Berg — ist der Mount Everest.

5

Auf Entdeckungstour

1 Auf meinem Flitzer fahr ich geschwind
bergauf und bergab, schnell wie der Wind!

2 An mir vorbei zieht die Welt wie im Flug,
all meine Sinne erleben genug!

3 Sehe eine Schlange aus Wasser dort!
Glitzernd und glänzend bewegt sie sich fort.

4 Höre ein Konzert, das großartig klingt!
Wer in den Bäumen so wunderbar singt?

5 Rieche einen frischen, süßen Duft!
Steigt er von den Blüten in die Luft?

6 Spüre einen Arm mit Knospen dran!
Wie der mich schlimm zerkratzen kann.

7 Es ist nun Zeit für eine Pause,
dann bringt mein Stahlross mich nach Hause.

6

1 Wovon erzählt das Gedicht?
☐ von einem Ausritt ☐ von einer Bootsfahrt
☒ von einem Radausflug ☐ von einer Zugfahrt

2 Wie heißt das im Gedicht?
Unterstreiche blau: ein Bach
Unterstreiche rot: ein Ast

3 Was wird wo beschrieben? Trage die Wörter in die Tabelle ein.

| | sehen | fühlen | hören | riechen |
| Ast | Bach | Vogelzwitschern | Blütenduft | |

Strophe	Sinn	Beschreibung von
3	sehen	Bach
4	hören	Vogelzwitschern
5	riechen	Blütenduft
6	fühlen	Ast

4 Im Gedicht hat das Fahrrad zwei andere Namen.
Schreibe sie auf.

Flitzer   Stahlross

5 Suche die ähnlichen Begriffe im Gedicht:
Erde: **Welt**   Musikdarbietung: **Konzert**
Geruch: **Duft**   furchtbar: **schlimm**

7

Kreuzworträtsel

1 Ein Tier, das fliegen kann und Eier legt.
2 Ein anderes Wort für Papa.
3 Ein anderes Wort für Zoo.
4 Wenn sich etwas nicht unterscheidet, ist es …
5 Zwei Menschen, die verheiratet sind, führen eine …
6 Ein anderes Wort für Großmutter.
7 Südfrucht, die innen gelb und außen braun ist.
8 Die Hälfte von acht.
9 Ein kleines Tier mit Stacheln.
10 Lastentier, das einem Pferd sehr ähnlich sieht.
11 Große Tiere mit langen Rüsseln und Stoßzähnen.
12 Märchengestalt, meist klein, oft mit Flügelchen.
13 Schweres Tier mit einem Horn am Kopf.
14 Sie leuchten in der Nacht am Himmel.
15 Tier mit Euter, das Milch gibt.
16 Ein anderes Wort für die Farbe Violett.
17 Kahler Kopf ohne Haare.
18 Raubtier mit schwarzen Streifen.
19 Ein anderes Wort für Violine.
20 Es wächst auf der Wiese. Getrocknet heißt es Heu.
21 Körner am Strand.
22 Den Weltraum bezeichnet man so.
23 Das unterste Geschoss eines Hauses, unter der Erde.
24 Ein Wassertier, das fliegen und schwimmen kann.
25 Eine sehr große Ortschaft.
26 Kleine Straße, nicht für Autos und Fußgänger.
27 Darin liegen Babys.

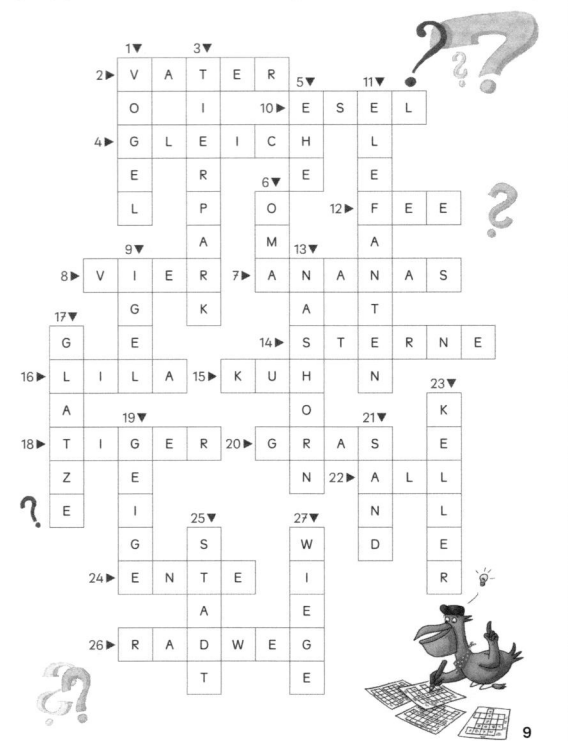

Gespenster-Fenster

Als Finn sich am Abend wohlig
in sein Bett kuschelte, las Opa ihm
noch seine Lieblingsgruselgeschichte vor.
Finn war todmüde. Es war ein langer
5 Tag gewesen und die Augen fielen ihm
immer wieder zu …

Plötzlich fegte ein Windstoß durch sein Zimmer.
Das Fenster wurde krachend aufgerissen und die Vorhänge
stoben wild auseinander. Mit großen Augen starrte
10 Finn auf das gruselige Geschehen.

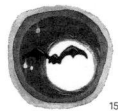

Zwischen zwei dunklen Wolken stand der Vollmond
hoch oben, mitten am Himmel. Links bewegte sich
eine dicke Tanne im Sturm hin und her.
Zwei fette, schwarze Raben krallten sich krächzend
15 im oberen Geäst fest. Sie blickten böse in Finns Zimmer.

Mit einem Mal erfüllte ein unheimliches Dröhnen und Donnern
die Nacht. Grelle Blitze zuckten am Himmel. Von rechts raste
ein schwarzes Pferd im gestreckten Galopp heran. Im Sattel
saß ein weißes Gespenst mit einem rotglühenden Schwert
20 in der linken Hand. Finn erschauderte vor Angst.
Er stieß einen gellenden Schrei aus und schlug
um sich. Er zitterte am ganzen Körper.

Da ging ein helles Licht an. Mit weit
aufgerissenen Augen saß Finn im Bett.
25 „Du hast geträumt, mein Junge",
sagte eine vertraute Stimme.
„Ich schließe schnell das Fenster.
Ein Gewitter tobt über dem Haus."

APP Audio: zuhören

① Was sieht Finn in seinem Traum? Male.
✂

Funsportarten

Stand-up-Paddling

Stand-**up**-**P**addling (abgekürzt SUP) ist eine Wassersportart.
Du stehst dabei aufrecht auf einem stabilen Brett, dem „Board".
Mit beiden Händen umfasst du ein langes Paddel. Das tauchst du
zuerst auf der einen und dann auf der anderen Seite ins Wasser.
Dabei schiebst du das Wasser nach hinten. So fährst du geradeaus.
Falls du doch mal ins Wasser fällst, solltest du eine Schwimmweste tragen.

Slacklining

„Slack" ist Englisch und bedeutet locker, „line" heißt Band.
Die Slackline ist ein lockeres Band, das in Kniehöhe zwischen
zwei Bäume gespannt wird. Slackliner üben meistens in Parks.
Sie balancieren auf dem Band von der einen zur anderen Seite.
Profis springen darauf einen Salto oder balancieren über Schluchten.

Hobby Horsing

Hobby Horsing ist wie Springreiten – bloß ohne echtes Pferd. Es ist eine
Sportart, bei der du ein Steckenpferd reitest. Also auf einem Stock
mit einem Pferdekopf aus Stoff, Mähne und Zaumzeug.
Du hältst das Steckenpferd zwischen deinen Beinen
und galoppierst damit durch einen Parcours oder
springst über Hindernisse wie im Pferdesport.

Bouldern

Bouldern ist Klettern an einer speziellen Kletterwand in einer Kletterhalle.
So eine Wand ist meist nicht höher als 4–5 Meter. Farbige Griffe und Tritte
zeigen dir eine bestimmte Kletterroute und den Schwierigkeitsgrad an.
Unten liegen weiche Matten, die dich auffangen, solltest du fallen.
Seit einigen Jahren ist Bouldern sogar eine olympische Disziplin.

APP Audio: zuhören

12

---

(1) Bewerte die Aussagen, kreuze in der Tabelle an.

1 Hobby Horsing ist wie reiten ohne Pferd.

2 SUP ist die Abkürzung für Stand-up-Paddling.

3 Beim Bouldern klettere ich mindestens 10 Meter hoch.

5 Beim Stand-up-Paddling brauchst du keine Schwimmweste zu tragen.

4 Beim Bouldern liegen weiche Matten am Boden.

6 Wenn ich abwechselnd links und rechts paddle, fahre ich geradeaus.

7 Slacklining kann man in jedem Alter erlernen.

8 Einen Stock mit Pferdekopf aus Stoff nennt man Steckenpferd.

Aussage	richtig	falsch	kommt im Text nicht vor
1	X		
2	X		
3		X	
4	X		
5		X	
6	X		
7			X
8	X		

13

Die Schildbürger säen Salz

Vor langer Zeit lebten in der Stadt Schilda die Schildbürger,
die noch heute bei kleinen und großen Leuten für ihre Dummheit
bekannt sind.
Eines schönen Tages wurde in Schilda das Salz knapp und
5 die Schildbürger befürchteten, dass sie bald Suppe, Kartoffeln und
Fleisch salzlos verzehren müssten. Sie dachten lange darüber nach,
was zu tun wäre, und kamen schließlich zu dem Schluss, Salz
anzubauen! So wie der Weizen aus dem Korn wächst, so müsste
auch das Salz aus dem Korn wachsen, glaubten die Schildbürger.
10 So machten sie sich daran, ein großes Feld umzugraben und säten
Salzkörner darin aus. Der trockene Boden wurde nun Tag um Tag kräftig
bewässert. Es dauerte nicht lange, da wuchsen grüne Büsche empor,
dass es eine Lust war, und die Schildbürger rechneten sich schon aus,
wie viel Salz sie aus dem „Salzkraut" ernten würden.
15 Einmal gerieten einige Kinder beim Spielen auf den Acker.
Sie waren barfuß und sprangen sofort kreischend wieder heraus.
„Es beißt schon!", riefen sie aufgeregt.
„Das Salz ist reif!", freuten sich da die Schildbürger. Sie ließen ihre
Arbeit liegen und fuhren mit Sensen und Sicheln eiligst zum Acker,
20 um zu ernten.
Doch das Salzkraut biss derartig, dass alle schreiend aus dem Feld
rannten. Zu Hause steckten sie ihre brennenden Hände, Arme
und Beine in kaltes Wasser und meinten:
„Es hat keinen Zweck. Das Salz ist zu salzig!"
25 Ihr wisst natürlich, was da auf dem Feld gewachsen war
und was so beißen konnte! Es waren Brennnesseln!

14

---

(1) Welche Überschriften passen noch? Unterstreiche.

<u>Der versalzene Acker</u>   Keine Zeit für Ackerbau

Salzanbau lohnt sich   <u>Der Salzanbau in Schilda</u>

(2) Warum wollten die Schildbürger Salz anbauen?
Streiche falsche Aussagen durch.

~~Sie brauchten das Salz zum Baden.~~

Sie fanden es wichtig, ihr Essen mit Salz zu würzen.

~~Sie wollten mit Salz handeln und Geld verdienen.~~

(3) Was riefen die Kinder, als sie auf den Salzacker gerieten?
Unterstreiche im Text.

(4) Welches andere Wort für „Acker" wird in der Geschichte verwendet?

Feld

(5) Überlege: Was würden wohl die Schildbürger tun?

Im Haus ist es dunkel, weil es keine Fenster hat.

☐ Die Schildbürger bauen Fenster ein.

☒ Sie tragen das Sonnenlicht mit Säcken und Körben hinein.

Holzlatten passen nicht quer durch ein Tor.

☒ Sie reißen das Tor ein, um es zu verbreitern.

☐ Sie tragen die Holzlatten längs durchs Tor.

Das Pferd hat ein Hufeisen verloren.

☒ Sie tragen das Pferd zum Hufschmied.

☐ Sie holen den Hufschmied.

15

So oder so

1 Manche können immer lachen,
2 manche auch mal traurig sein.
3 Manche wolln's gemeinsam machen,
4 manche gern auch mal allein.

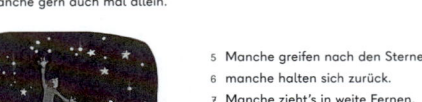

5 Manche greifen nach den Sternen,
6 manche halten sich zurück.
7 Manche zieht's in weite Fernen,
8 manche suchen nahes Glück.

9 Manche mögen Städte-Trubel,
10 manche ruft die Ruhe mehr.
11 Manche lieben lauten Jubel,
12 manche stilles Lächeln sehr.

13 Manche haben Spaß an Spielen,
14 wollen nur auf Tore zielen.
15 Manche freuen sich am Lesen,
16 über fremde Welten, Wesen.

17 Aber frag mich, was im Leben
18 hat das meiste Glück gegeben?
19 Diese Antwort kommt geschwind:
20 Schön, dass wir verschieden sind!

16

① Wozu passen die Aussagen der Kinder?
Schreibe die Zeilennummern auf.

Ich bin am liebsten mit meinen Freunden zusammen. __3__

Ich mache gerne einen Einkaufsbummel, die vielen Leute stören mich gar nicht. __9__

Wenn ich mich freue, schreie ich gerne laut. __11__

Die Stille am See mag ich sehr. __10__

Ich liebe es, mit meinem Fantasy-Buch im Sitzsack zu sitzen. __15__ , __16__

② Was bedeuten diese Redewendungen? Verbinde.

Wer nahes Glück sucht,	verreist gerne.
Wen es in die Ferne zieht,	will viel erreichen.
Wer nach den Sternen greift,	ist gerne zu Hause.

③ Was sagt das Gedicht aus? Kreuze passende Sätze an.

☐ Niemand kann im Leben glücklich sein.
☒ Für jeden Menschen bedeutet Glück etwas anderes.
☒ Es ist gut, dass Menschen unterschiedlich sind.
☐ Ruhe ist besser als lauter Trubel.
☒ Jeder Mensch kann auf seine Art zufrieden sein.
☐ Fußball macht alle glücklich.
☒ Es gibt viele Möglichkeiten, das Leben zu gestalten.
☒ Weil wir alle unterschiedlich sind, ist die Welt so schön bunt.

17

Die Geschichte des Fahrrads

Karl von Drais lebte in Karlsruhe. Er war Förster und musste täglich
eine weite Strecke gehen, um seinen Beruf ausüben zu können.
Da er auch ein Tüftler und Erfinder war, hatte er eines Tages
eine geniale Idee: Er erfand im Jahr 1817 ein Laufrad,
5 fast ganz aus Holz, mit lenkbarem Vorderrad.
<u>Er fuhr damit, indem er sich mit den Füßen
vom Boden abstieß.</u> Bergab rollte er frei dahin.
Damit konnte er Geschwindigkeiten bis zu 15 km in der Stunde
erreichen! Das Gefährt wurde nach seinem Erfinder „Draisine" benannt.
10 Man kann es noch heute im Museum seiner Heimatstadt bewundern.

Etwa 44 Jahre später baute man in Frankreich
ein Tretkurbelrad, das sogenannte „Vel;ziped".
Dieses Rad war fortschrittlich mit einem
Metallrahmen und Bremsen ausgestattet.
15 Am Vorderrad befand sich ein Pedalantrieb.

Im Jahr 1870 wurde in England eine neuartige
Fortbewegungsmaschine erfunden: das Hochrad.
Hier war das Hinterrad winzig klein. Das Vorderrad aber,
mit dem Sattel hoch oben und den Pedalen in der Mitte,
20 war riesig. Es hatte einen Durchmesser bis zu 150 cm!
Ungeschickte Fahrer fielen bei ihren Ausfahrten oft
kopfüber auf die Nase!
Etwa 17 Jahre später kamen in England die ersten Sicherheitsfahrräder
auf den Markt. Diese hatten zwei gleich große Reifen und einen
25 Kettenantrieb zum Hinterrad.

Seither hat sich die Form des Rades kaum verändert,
nur die Ausstattung wurde immer besser:
zum Beispiel luftgefüllte Gummireifen, Federung,
Bremsen, Gangschaltung, Elektroantrieb.

18

① Wie trieb Karl von Drais sein Laufrad an?
Suche die Textstelle und unterstreiche den Satz.

② Fülle die Tabelle aus.

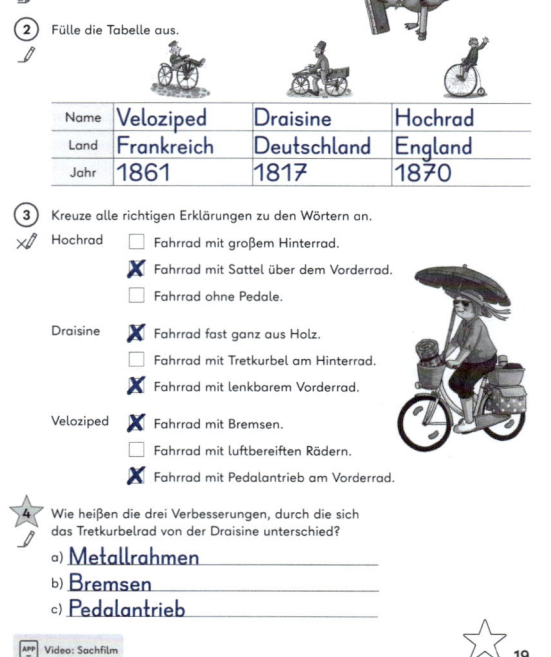

Name	Veloziped	Draisine	Hochrad
Land	Frankreich	Deutschland	England
Jahr	1861	1817	1870

③ Kreuze alle richtigen Erklärungen zu den Wörtern an.

Hochrad
☐ Fahrrad mit großem Hinterrad.
☒ Fahrrad mit Sattel über dem Vorderrad.
☐ Fahrrad ohne Pedale.

Draisine
☒ Fahrrad fast ganz aus Holz.
☐ Fahrrad mit Tretkurbel am Hinterrad.
☒ Fahrrad mit lenkbarem Vorderrad.

Veloziped
☒ Fahrrad mit Bremsen.
☐ Fahrrad mit luftbereiften Rädern.
☒ Fahrrad mit Pedalantrieb am Vorderrad.

④ Wie heißen die drei Verbesserungen, durch die sich
das Tretkurbelrad von der Draisine unterschied?

a) Metallrahmen
b) Bremsen
c) Pedalantrieb

APP Video: Sachfilm

19

Zeitungsartikel

Sofort-Zeitung　　　　　　　　　　　　*Inverness, 23. April*

Nessi wieder aufgetaucht?

Nessie, das Ungeheuer von Loch Ness, dem berühmten See in Schottland, hat sich wieder gezeigt. Mit seiner Länge von beinahe 20 Metern ließ die berühmte Seeschlange dem Ehepaar Brown das Blut in den Adern gefrieren.

Das Paar aus Inverness machte gerade einen Spaziergang am See, als plötzlich eine gewaltige Fontäne, nur wenige Meter vom Ufer entfernt, in die Höhe spritzte. Da sahen sie sich einem Ungetüm mit einem riesigen Kopf und einem langen Hals gegenüber. Mr und Ms Brown haben sich von dem Schock noch immer nicht ganz erholt. „Gott sei Dank hat uns das Monster nicht angegriffen, sondern ist gleich wieder abgetaucht!", berichtete die Ehefrau schaudernd unserer Zeitung.

Loch Ness ist ein sehr unheimlicher See. Er ist ungefähr 37 km lang, 1,5 km breit und ungewöhnlich tief. Das Wasser ist so trüb, dass Taucher kaum etwas sehen können. Eine dicke Schlammschicht bedeckt den Boden des Sees. Versteckt sich hier das Ungeheuer? Seltsam ist zudem, dass die Wassertemperatur auch in den heißesten Monaten nie über kalte 7 Grad Celsius steigt. Dagegen friert der See im Winter niemals zu.

Laut Aufzeichnungen wurde das Seeungeheuer zum ersten Mal im Jahre 565 gesichtet, als es einige Fischer angriff. Einer Legende nach soll ein irischer Mönch namens Columban damals das Ungeheuer vertrieben haben. So konnte ein größeres Unglück verhindert werden.

Angeblich wurde Nessie seither schon über 4000-mal gesichtet. Nun ist erneut das Interesse der Öffentlichkeit geweckt worden. Bisher ist es nicht gelungen, das Geheimnis um das Seeungeheuer zufriedenstellend zu lüften.

APP　Video: Sachfilm

---

1 Vervollständige die Sätze.

Loch Ness ist ein **See** in **Schottland**.
Nessis Körperlänge wird auf **20 Meter** geschätzt.
Das in **Inverness** lebende Ehepaar Brown machte
einen **Spaziergang** am See.
Mr und Ms Brown berichteten der Sofort-**Zeitung**
von ihrem erschreckenden Erlebnis.
Sie beschreiben das Ungeheuer mit einem riesigen **Kopf** und
einem langen **Hals**.
Der sehr unheimliche See hat eine Länge von etwa **37 km**,
ist 1,5 km **breit** und ungewöhnlich **tief**.
Das Ungeheuer könnte sich in der dicken **Schlammschicht**
verstecken.
Dass die Wassertemperatur nie über 7 Grad ansteigt,
ist **seltsam**.
Im Winter **friert** der **See** niemals zu.
Aufzeichnungen belegen, dass das Ungeheuer
im Jahre **565** zum **ersten** Mal gesichtet wurde.
Seither soll Nessie sich angeblich schon über **4000-mal**
gezeigt haben.
Bisher gelang es nicht, das **Geheimnis** um das
Seeungeheuer zu lüften.

Fußball-Fachwörter

Gilda und Henry sind Zwillinge. Vielleicht machen sie deshalb so viel zusammen, auch Fußballspielen. Wenn sie in der Freizeit nicht auf dem Rasen dem Ball hinterherjagen, machen sie gerne Quizspiele. Für Quizfragen zum Thema Fußball könnte man sie auch nachts wecken. Hier haben sie dir ein paar Fachwörter zusammengestellt. Kennst du die Bedeutung? Du darfst die Aufgabe natürlich auch tagsüber machen.

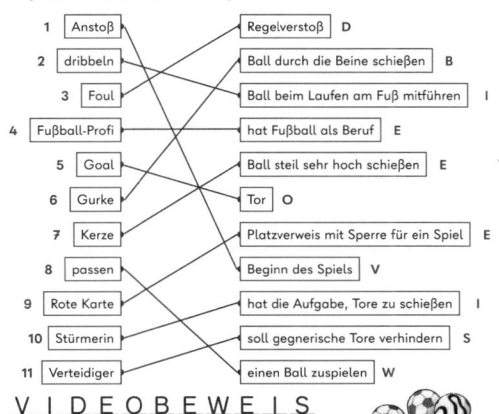

1 Verbinde das Fachwort mit der Erklärung.
Trage die Buchstaben für das Lösungswort ein.

Fachwort	Erklärung	
1 Anstoß	Regelverstoß	D
2 dribbeln	Ball durch die Beine schießen	B
3 Foul	Ball beim Laufen am Fuß mitführen	I
4 Fußball-Profi	hat Fußball als Beruf	E
5 Goal	Ball steil sehr hoch schießen	E
6 Gurke	Tor	O
7 Kerze	Platzverweis mit Sperre für ein Spiel	E
8 passen	Beginn des Spiels	V
9 Rote Karte	hat die Aufgabe, Tore zu schießen	I
10 Stürmerin	soll gegnerische Tore verhindern	S
11 Verteidiger	einen Ball zuspielen	W

V I D E O B E W E I S
　1　2　3　4　5　6　7　8　9　10　11

Der Wendelstein

In Bayern gibt es einen Berg in den Alpen, von dem die Aussicht besonders schön ist: den Wendelstein. Diese Sage wird über ihn erzählt:

Vor langer, langer Zeit waren in den Höhlen des Berges Gold, Silber und Edelsteine verborgen. Kleine Wichte hüteten die Schätze. Diese Männlein
5　waren gutherzige und hilfsbereite Wesen. Wenn ein Hirte mit seinen Tieren in den Bergen Hilfe brauchte, waren sie da. Nachts verrichteten sie für die Menschen, die auf einer Alm lebten, schwere Arbeiten. Und manchmal legten sie den Almbewohnern sogar einen Edelstein oder etwas Gold hin. Als ein paar habgierige Leute aus dem Tal von den verborgenen Schätzen
10　hörten, wollten sie diese stehlen. Sie stiegen auf den Gipfel und hielten Ausschau, bis sie die Zwerge entdeckten. Aber als sie in die Höhlen eindrangen, um das Gold und die Edelsteine zu rauben, verwandelten sich die Schätze in wertlosen Eisenstein! Von diesem Tag an waren die Winzlinge für immer verschwunden. Der Name „Wendelstein"
15　soll an den wundersamen Wandel der Steine erinnern.

1 Was erklärt die Sage?

☐ wie aus Eisen Gold wird
☒ wie ein Berg zu seinem Namen kam
☐ wo der Wendelstein genau liegt

2 Es kommen Fantasiewesen und Menschen in der Sage vor.
Unterstreiche Fantasiewesen <u>blau</u> und Menschen <u>grün</u>.

3 Es gibt verschiedene Sagen.
Was für eine Sage ist „Der Wendelstein"?

☐ eine Heldensage, die von einer berühmten Person handelt
☒ eine Volkssage, die etwas über einen Ort oder eine Landschaft erklärt
☐ eine Göttersage, weil sie erzählt, wie Götter die Welt erschufen

Die verflixte Fernglas-Suche

Wir saßen nach dem Frühstück noch am Tisch,
als aus dem Flur der Klingelton von Papas Handy
zu hören war. Papa telefonierte nur kurz.
„Das war Tante Rosa", sagte er. „Sie braucht ihr Fernglas zurück.
5 Sie will morgen die Vögel im Park beobachten. Aber wo habe ich
den Feldstecher bloß hingelegt?" Papa schaute durch den Raum.
„Na, dann viel Glück bei der Suche", sagte Mama und lachte.
Ordnung ist nämlich nicht unsere Stärke. Papa durchwühlte Schränke
und Schubladen im ganzen Haus. In der Schublade im Badschrank
10 fand er die rote Mütze, die Mama seit dem letzten Wanderausflug
vermisste. Mama freute sich, die Mütze wiederzuhaben,
und übernahm das Suchen für Papa.
Sie ging in den Keller, sah in alle Regale und schaute zwischen
den Gartensachen nach. Dabei stieß sie auf den Hockey-Schläger,
15 den meine Schwester Luisa am Tag zuvor noch gesucht hatte.
„Na, dann bist du jetzt an der Reihe", sagte Mama zu Luisa.
Die wusste nicht, ob sie sich freuen oder ärgern sollte. Aber dann
nahm Luisa sich den Eingangsbereich vor und durchsuchte alle Sachen
an der Garderobe und sogar den Schirmständer. Darin fand sie
20 ganz unten den Zauberwürfel, den Tobi seit drei Tagen vermisste.
Tobi war froh und verkündete: „Na, dann suche ich weiter!"
Er stapfte auf den Dachboden und sah in Koffern und Kisten nach.
„Marla!", rief er plötzlich. „Du glaubst nicht, was in einer der Kisten liegt!"
Genervt rief ich: „Was denn?" Ich hatte mir gerade meinen Krimi geholt.
25 „Dein Freischwimmerabzeichen, das du seit dem Sommer vermisst!"
Ich legte den Krimi weg, jetzt war ich an der Reihe. Ich ging zur großen
Truhe in der Garage, in der wir Rucksäcke und allen möglichen
Krimskrams aufbewahrten. Tante Rosa hatte Papa das Fernglas für
die Wanderung geliehen. Und da lag es – im Rucksack meines Vaters.
30 Mit so viel Ordnung hatte niemand gerechnet.

24 APP Audio: zuhören / Audio: mitlesen

---

(1) Wie viele Kinder hat die Familie? __3__

(2) Wie heißt das Kind, das die Geschichte erzählt? __Marla__

(3) Welches andere Wort für Fernglas wird in der Geschichte verwendet?
__Feldstecher__

(4) Wer sucht wo? Male in derselben Farbe aus.

| Papa | Mama | Luisa | Tobi | Marla |

in den Schränken · in Kisten · an der Garderobe · im Rucksack
zwischen den Gartensachen · in allen Regalen · in der großen Truhe
in den Schubladen · in der Garage · im Eingangsbereich
im Keller · auf dem Dachboden · in Koffern · im Schirmständer

(5) Was wird während der Suche von wem gefunden? Ergänze.

Mütze · Hockey-Schläger · Zauberwürfel
Freischwimmerabzeichen · Fernglas

Papa findet die **rote Mütze** von **Mama**
Sie entdeckt den **Hockey-Schläger** von **Luisa**
Sie findet den **Zauberwürfel** von **Tobi**
Er findet das **Freischwimmerabzeichen** von **Marla**
Sie entdeckt, wo das **Fernglas** von **Papa** liegt.

25

So fern und doch ganz nah

1 Du bist vor kurzem umgezogen,
bist dazu ganz weit weg geflogen.
Alaska ist in großer Ferne –
bei dir wär ich heut wirklich gerne!

2 „Kein Problem!", mailst du mir nun.
„Ich hab gerade nichts zu tun!
Treffen wir uns gleich bei mir,
ich zeige dir die Landschaft hier!"

3 Ich schalte den Computer an
und sehe wenig später dann,
viel Eis und Schnee vor deinem Haus,
denn du gehst mit dem Handy raus.

4 Auf dem Bildschirm seh ich klar,
ein Land, in dem ich niemals war.
Der Winter dauert bei dir lang!
Hier ist der Frühling längst im Gang.

5 Bei dir ist es erst früh um zehn,
zur Schule musst du heut nicht gehn.
Es liegt vor dir ein freier Tag,
der hier zu Ende gehen mag.

6 „Hey, das ist eine tolle Reise!
Cool, wie das klappt auf diese Weise!",
sag ich zu dir und freue mich.
Bist du auch fern: Ich sehe dich!

26

---

(1) Janina erzählt ihrem Opa von dem Videoanruf bei ihrem Freund Samuel.
Was sagt sie? Setze passende Wörter aus dem Gedicht in die Geschichte ein.
Achte auf die passende Zeit.

Opa, du weißt doch, dass mein Freund Samuel mit seiner Familie
umgezogen ist. Er lebt jetzt in **Alaska**.
Zum Glück kann ich ihn aber immer noch sehen, wenn ich
meinen **Computer** einschalte. Letzten Sonntag haben
Sami und ich beide nichts vorgehabt und wir mussten ja auch nicht
in die **Schule** gehen. Das war super, weil wir uns
dann mithilfe eines Videoanrufs **sehen** konnten.
Ich **freute** mich so, ihn zu sehen! Bei ihm war
es gerade **zehn** Uhr am Morgen. Bei mir ging
der freie Tag schon **zu Ende**. Es war 19 Uhr
hier in Deutschland. Sami hat mich mit dem **Handy**
seines Papas angerufen. Damit ist er vor sein Haus gegangen und hat
mir die **Landschaft** gezeigt. Stell dir vor, Opa, es war noch
überall ganz viel **Eis** und **Schnee**!
Immerhin ist es ja schon Ende April und **Frühling**.
Aber bei Sami dauert der Winter sehr **lang**!
Das mit dem Videoanruf ist schon echt praktisch, was Opa?!
Ich kann eine kurze **Reise** zu meinem Freund machen,
ohne in das Flugzeug zu steigen!

27

Der Gute-Taten-Baum

Die Klasse 4 a hat einen ganz besonderen Baum „gepflanzt":
Die Kinder haben einen Gute-Taten-Baum gemalt. Jedes Kind, das
eine gute Tat getan hat, darf seinen Namen auf ein Blatt schreiben.
Die Kinder berichten:

Lona: „Als ich hingefallen bin, hat Simon mir aufgeholfen und
ein Pflaster für mein blutendes Knie besorgt."

Alena: „Ich habe den 5-Euro-Schein, den ich auf dem Pausenhof
gefunden habe, im Sekretariat abgegeben."

Ezra: „Wenn wir in der Klasse diskutieren, höre ich zu und
lasse die anderen ausreden, bevor ich antworte."

Lisa: „Als Lina und Bea sich gestritten haben, wer ins Tor darf,
habe ich vorgeschlagen, dass sie sich abwechseln sollen."

Piet: „Ich bewundere, dass Emil gleich zugegeben hat, dass er
die Vase runtergeworfen hat, obwohl ihn niemand gesehen hat."

Ulli: „Ich finde es toll, dass Silvi nicht aufgibt, den Handstand zu üben."

Liam: „Anuk hat geweint, weil Tessa aus Versehen auf seinen Füller
getreten ist. Jana hat Anuk getröstet und ihm einen Füller geliehen."

Mia: „Ich finde es besser, kein Fleisch zu essen. Sara und Tom
mögen aber am liebsten Grillwürste. Deswegen bin ich auch dafür,
dass es beim Sommerfest nicht nur Gemüsespieße gibt."

Amir: „Ich bin froh, dass mir Leon die Hausaufgaben gebracht hat,
als ich mir das Bein gebrochen hatte."

Anne: „Bruno und Matz hätten sich fast geprügelt, wenn Jakob
nicht vermittelt hätte."

28

---

1 Lies die Aussagen der Kinder genau. Welches Kind hat welche gute Tat getan?
Ergänze die Namen auf dem Gute-Taten-Baum.

29

Klangzauber

Tonversuche

1 Halte ein Din-A-4 Blatt in die Höhe. Schlage mit einem Stift dagegen.
Verwende nun ein halb so großes Blatt und mache das gleiche.
Vergleiche die beiden Töne. Du kannst anschließend ein noch kleineres
Blatt verwenden. Höre genau: Wann ist der Ton höher, wann ist er tiefer?

2 Nimm zwei Papprohre von Küchenrollen. Schneide ein Rohr in der Mitte
durch. Schlage erst das lange Rohr gegen den Tisch. Schlage dann
das kürzere Rohr gegen den Tisch. Vergleiche die beiden Töne.
Welcher Ton ist höher, welcher Ton ist tiefer?

3 Spanne einen Gummi locker zwischen Daumen und kleinem Finger.
Zupfe daran. Bewege jetzt Daumen und kleinen Finger etwas
auseinander, sodass sich der Gummi stärker spannt. Zupfe wieder daran
und vergleiche die Töne. Probiere aus, was mit dem Ton passiert,
wenn du den Gummi noch mehr spannst.

> Vorsicht, der Gummi reißt
> bei zu hoher Spannung!

Instrumente

A Die Harfe hat viele verschieden lange Saiten. Je stärker man
die einzelne Saite spannt, desto höher wird der Ton. Mithilfe eines
Stimmstiftes am Ende der Saite kann man so einen bestimmten Ton
durch Spannung und Entspannung der Saite einstellen.

B Boomwhackers gibt es in verschiedenen Längen. Die tiefere Note D
ist ein langes Rohr aus Plastik. Höher ist die Note G, die mit einem
kürzeren Rohr gespielt wird als das D.

C Das Xylophon besteht aus verschieden großen Holzklangstäben.
Der tiefste Ton wird von dem größten Holzklangstab erzeugt.

30

---

1 Wie heißen diese Instrumente?

Xylophon 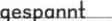 Harfe _____ Boomwhakers _____

2 Welcher **Tonversuch** passt zu welchem **Instrument**?
Umkreise die Zahl und den Buchstaben in derselben Farbe.

3 Eine Geige hat vier Saiten. Jede Saite kann
auf einen bestimmten Ton gestimmt werden.
Muss die Saite gespannt oder entspannt werden,
wenn ihr Ton zu tief ist?

gespannt _____

4 Kreuze richtige Aussagen an.

- ☒ Je stärker eine Saite gespannt ist, desto höher ist der Ton.
- ☐ Kürzere Rohre erzeugen tiefere Töne als längere Rohre.
- ☒ Die Note G wird auf einem kleineren Holzklangstab gespielt als das D.
- ☐ Je kleiner ein Blatt ist, desto tiefer hört sich der Ton an.

 31

Eine Sage zum Wohnort

Die Klasse 4 c in Heckinghausen, einem kleinen Stadtviertel
in Wuppertal, hat Sagen im Unterricht kennengelernt. Jetzt wollen
die Kinder ein eigenes Sagen-Buch zu ihrem Wohnort schreiben.
Sina hat diese Sage geschrieben:

Das Heckenhaus

Vor tausend Jahren gab es nur einen einzigen Hof in dieser
Gegend. Weit und breit stand kein anderes Haus. Das Leben war
für die Menschen, die dort zu Hause waren, aber nicht nur
einsam. Es war auch sehr gefährlich! Oft schlichen hungrige
Wölfe und andere Wildtiere um das Haus und die Weide.
Sie töteten Schafe und Hühner. Auch Räuber zogen durch die
Gegend und überfielen die Menschen auf dem Hof und stahlen
ihre Sachen. Die Familie, der der Hof gehörte, wollte das nicht
länger mitmachen. Sie waren es leid, immer Angst um sich und
ihre Tiere zu haben. Die Hofherrin und der Hofherr hatten
schließlich eine Idee:
Sie pflanzten mit ihren Kindern zusammen eine Hecke um den
Hof. Die Hecke wuchs so schnell und so dicht, dass bereits
nach einem Tag nur noch das Dach des Hauses zu sehen war!
Am nächsten Tag war selbst das Dach nicht mehr zu sehen!
Niemand ahnte, dass hinter dem dichten Grün eine Familie
mit Nutztieren lebte. Die Wölfe schlichen sich fort und Räuber
ritten in einem Bogen vorbei.
Der Hof wurde später „Heckenhaus" genannt. Bis heute ist dort
ein ganzes Wohnviertel gewachsen. Es heißt „Heckinghausen"
und gehört zur Stadt Wuppertal. Der Name erinnert immer noch
an die Hecken, die damals das Leben der Menschen und Tiere
auf dem einsamen Hof schützten.

32

---

1 Du hast die Sage „Das Heckenhaus" gelesen.
Welche Sätze stimmen nicht? Streiche sie durch.

~~Früher gab es ein Dorf mit mehreren Häusern.~~

Vor tausend Jahren gab es einen einsamen, schutzlosen Hof.

Wölfe und Wildtiere rissen die Nutztiere der Familie.

~~Räuberbanden kamen ihnen zur Hilfe.~~

Oft wurde die Familie von Räubern überfallen.

~~Die ganze Familie baute eine hohe Mauer um den Hof.~~

Eine hohe Hecke sollte die Menschen und Tiere schützen.

~~Es dauerte drei Jahre, bis die Hecke hoch genug war.~~

Der Hof mit der hohen Hecke wurde „Heckenhaus" genannt.

~~In der Sage ist alles nur ausgedacht.~~

Die Sage erzählt mit viel Fantasie über einen Ort, den es tatsächlich gibt.

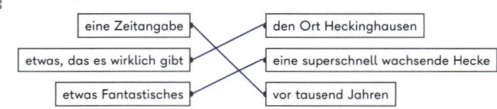

2 Was erklärt die Sage? Kreuze an.

Sie erklärt, ...

☐ wie man eine Hecke pflanzen muss, damit sie gut wächst.

☒ wie es zum Ortsnamen Heckinghausen kam.

☐ wie die Stadt Wuppertal entstand.

3 Sina hat beim Schreiben drei Merkmale von Sagen beachtet.
Verbinde passend.

eine Zeitangabe	den Ort Heckinghausen
etwas, das es wirklich gibt	eine superschnell wachsende Hecke
etwas Fantastisches	vor tausend Jahren

33

Stars-Check: Gedichte

1 Der Herbst zeigt sich als bunter Mann,
2 bringt Farben überall heran.
3 Die Blätter tanzen mit dem Wind,
4 so fröhlich, wie nur Blätter sind.

5 Des Sommers Hitze langsam weicht,
6 die Kühle durch die Nächte streicht.
7 Die Tiere suchen sich ein Nest,
8 gestalten es gut wetterfest.

9 Der Nebel hüllt sich um die Sonne.
10 Vorbei der langen Tage Wonne.
11 Es werden kürzer schnell die Tage,
12 bald kommt der Winter – keine Frage.

1 Wozu passen die Sätze? Schreibe die Strophen und die Zeilen auf.

Es ist oft neblig.　Strophe 3, Zeile 9

Im Herbst werden die Blätter bunt.　Strophe 1, Zeilen 1, 2

Der Wind wirbelt das Laub auf.　Strophe 1, Zeilen 3, 4

Tiere bereiten sich auf den Winter vor.　Strophe 2, Zeilen 7, 8

Es wird abends eher dunkel.　Strophe 3, Zeile 11

Die heißen Sommertage sind vorbei.　Strophe 2, Zeilen 5, 6

Strophe 3, Zeile 10

2 Welche Zeile passt zu einem Frühlingsgedicht?

☐ Eine weiße Decke legt sich übers Land.

☐ Die Sonne lacht und lädt zum Baden ein.

☒ Die Natur erwacht aus tiefem Schlaf.

34

APP Check

Anmeldungen im TSV-Kleinkirchen

Letzte Woche liefen die neuen Anmeldungen für die Kurse
im TSV-Kleinkirchen. Die Kinder im Alter von 6 bis 8 und
von 9 bis 11 Jahren konnten verschiedene Kurse wählen.
Hierfür haben sie sich angemeldet:

Kurs — 6–8 Jahre / 9–11 Jahre

Fußball, Basketball, Tischtennis, Schach, Einrad, Tanz

Anzahl der Kinder: 1 2 3 4 5 6 7 8 9 10 11 12

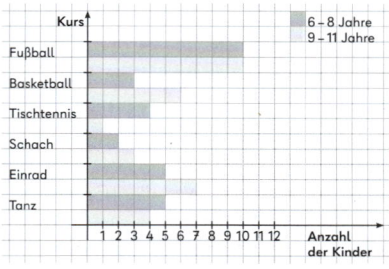

1 Kreuze richtige Aussagen an.

☒ Beim Fußball gibt es gleich viele Anmeldungen
von Kindern im Alter von 6 bis 8 und 9 bis 11 Jahren.

☐ Von den 9- bis 11-Jährigen wollen mehr Kinder
zum Schach als zum Tanz.

☒ Beim Basketball wollen genauso viele 6- bis 8-Jährige
wie 9- bis 11-Jährige beim Schach mitmachen.

☐ Für Einrad interessieren sich zwei 6- bis 8-Jährige weniger
als 9- bis 11-Jährige beim Tischtennis.

☒ Insgesamt melden sich 60 Kinder für diese Kurse an.

35

Früchtestreit

„Ich bin viel besser als du, weil ich schön saftig bin."

„Aber ich schmecke dafür gemixt mit Milch ganz wunderbar!"

„Was wollt denn ihr? Am besten bin doch ich. Mich braucht man nicht zuerst zu schälen, ehe man in mich hineinbeißen kann."

„Ihr taugt beide nichts. Ihr werdet nämlich braun, wenn ihr längere Zeit an der Luft bleibt. Ich hingegen behalte meine schöne orange Farbe."

„Dafür spritzt du immer so herum, während ich schön weich bleibe, vor allem wenn man mich zerdrückt."

„Ich sehe am Baum wunderbar aus mit meiner roten, gelben oder grünen Farbe."

„Pah, meinst du meine leuchtende Farbe ist nicht viel schöner? Und so rund wie du bin ich schon lange."

„Rund? Wer möchte schon so kugelrund sein? Da ist meine längliche, gebogene Form doch wesentlich eleganter."

„Nun gib nicht so an, wenn du zu lange in der Sonne liegst, wirst du braun und matschig. Ich hingegen werde nur noch saftiger, wenn ich ein kleines Sonnenbad nehme."

„Von meiner Sorte gibt es in Deutschland auf jeden Fall die meisten Exemplare."

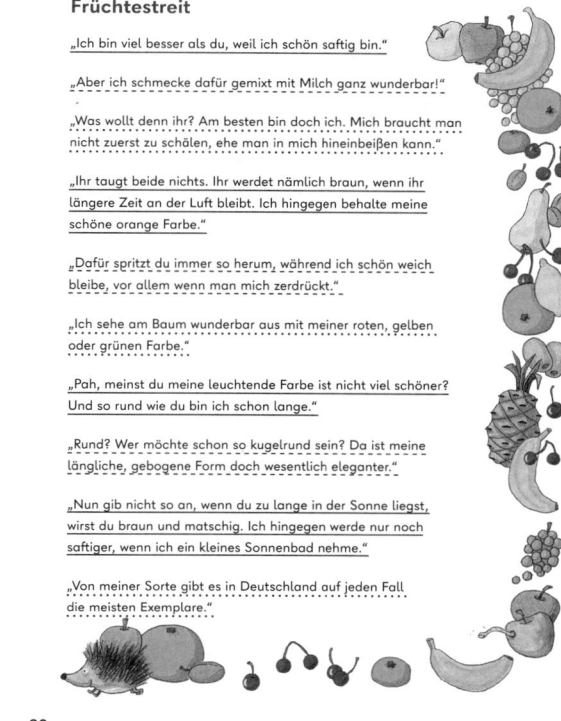

36

---

1 Welche drei Früchte streiten sich?
Schreibe jede Frucht in einer anderen Farbe auf.

> Denke an die Farbe, die das Obst tatsächlich hat!

Frucht 1: **Orange (orange)**

Frucht 2: **Banane (gelb)**

Frucht 3: **Apfel (grün)**

2 Unterstreiche im Text die Aussagen der Früchte mit der Farbe von Aufgabe 1.

3 Diese drei Früchte kannst du auch mit Stichwörtern beschreiben.
Umkreise die passenden Stichwörter zur Frucht mit den Farben aus Aufgabe 1.

(kugelrund)   mit Schale essbar   (weich)   (orange)   (gelb)

häufig in Deutschland   (länglich)   verschiedene Farben   (saftig)

4 Hier werden drei weitere Früchte beschrieben.
Welche Früchte sind das?

rund – rot – saftig – klein – doppelt am Baum: **Kirschen**

gelb – saftig – sauer: **Zitrone**

viele – klein – blau oder grün – rund: **Weintraube**

saftig – außen pelzig – innen grün: **Kiwi**

Schale hart wie Stein – innen weiß – fest und flüssig: **Kokosnuss**

 37

Monstertiere?

Jana hatte nicht damit gerechnet, dass es eine solche Horde war, die sich in rasantem Tempo völlig ungeordnet auf sie zubewegte. Janas Finger krallten sich in die Tüte, die sie
5 bei sich trug. Sie wollte davonlaufen, doch nach vorn konnte sie nicht flüchten, weil die Vierbeiner ihr den Weg abschnitten. Nach hinten war kein Fluchtweg offen, da die Felswand ein Ende des Weges darstellte. Sie drückte sich gegen den
10 Felsstein. Schon waren die Ungeheuer vor ihr. Sie konnte ihren Atem an den nackten Beinen und Armen spüren und ihr borstiges Fell fühlen. Früher hatte sie diese Tiere für friedliche Wesen gehalten. Aber jetzt! Nein, sie wollte ihre Tüte nicht hergeben, hielt sie tapfer in die Höhe
15 und umklammerte sie. Eines der Tiere biss in ihr T-Shirt. Und noch schlimmer: ein Tier machte einen Satz auf sie zu. Seine Hörner verfehlten knapp ihren Oberarm und krachten gegen den Felsen. Dann stemmten zwei Tiere auch noch ihre Hufe gegen sie. Jana kreischte entsetzt.
20 Ein Tier hatte jetzt fast die Tüte erreicht. Jana stellte sich auf die Zehenspitzen. Da ließ das Monster mit dem Bart von dem Kind ab und zog sich zurück. Doch kaum war diese Gefahr gebannt, stemmte sich ein anderes meckerndes Vieh gegen die Felswand und versuchte so, die Tüte zu erreichen. Jana schrie, so laut sie konnte.
25 Endlich eilte ihr Vater zu ihr, der Sie die ganze Zeit beobachtet hatte. Er nahm die Tüte in die eine Hand und Jana an die andere Hand, ging mutig an den ganzen Monstern vorbei, hinaus aus dem Gehege, und fragte die weinende Jana: „Warum hast du ihnen denn nichts gegeben?"
„Ich wollte, dass sie lernen, sich ordentlich anzustellen!", schniefte Jana.

38

---

1 Sechs Textstellen geben Hinweise, um welche Tiere es sich handelt. Unterstreiche sie.

> Im Text stehen Hinweise, wie die Tiere aussehen und welche Laute sie von sich geben.

2 Um welche Tiere handelt es sich?

- ☒ Schafe
- ☐ Gänse
- ☐ Pferde
- ☐ Kühe
- ☐ Katzen
- ☐ Lamas
- ☒ Ziegen
- ☐ Tiger
- ☐ Hunde
- ☐ Zebras

3 Vergleiche mit dem Text. Unterstreiche richtige Aussagen.

- Jana war allein unterwegs und wollte im Zoo die Tiere füttern.
- Jana und ihre Familie machten einen Spaziergang in den Bergen und trafen dabei auf eine freilaufende Tierherde.
- Jana hatte Futter in einer Tüte bei sich und wollte damit die Tiere füttern.
- Die Tiere konnten nicht weiter gehen als bis zur Umzäunung.
- Janas Vater dachte erst, Jana würde mit den Tieren allein fertigwerden.
- Rund um Jana herum befanden sich Felsen.
- Janas Vater bemerkte erst sehr spät, dass Jana in Bedrängnis war.

4 Nummeriere der Reihenfolge nach, was die Tiere mit Jana machten.

5 Ein Tier traf mit den Hörnern fast ihren Oberarm.

2 Die Tiere nahmen Jana den Fluchtweg.

4 Ein Tier biss in ihr T-Shirt.

6 Die Tiere stemmten die Beine gegen sie.

1 Die Tiere kamen in schnellem Tempo auf Jana zu.

3 Die Tiere bliesen ihren Atem an Janas Arme und Beine.

39

Das Vogelnest

Folgendes hat sich vor 200 Jahren
im Schwarzwald zugetragen:
Ein Mann und eine Frau gingen
an einem See spazieren. Dort stand
5 ein Baum, der sich im Wasser spiegelte.
Im Spiegelbild des Wassers sah das Paar,
dass sich auf einer Astgabelung ein Nest
befand. Als sie aber nach oben blickten,
war dort kein Nest zu sehen.

10 Die Frau kletterte auf den Baum, denn sie wollte wissen, ob sich
darauf ein Nest befand. Oben angekommen sah sie kein Nest,
spürte aber eines! Durch ihr Tasten und das Spiegelbild im Wasser
konnte sie das unsichtbare Nest fassen. Als sie es in den Händen hielt,
wurde sie ebenfalls unsichtbar! Der Mann konnte sie nur noch im
15 Spiegelbild des Wassers sehen. Sie kletterte vom Baum herab und ging
neben dem Mann her. Nun fragte sie ihn: „Kannst du mich sehen?"
Der Mann konnte mit ihr sprechen, sie aber nicht sehen, solange sie
das Nest trug. Er hörte also ihre Stimme und ihre Schritte, sah sie
aber nicht. Schließlich übergab die Frau das unsichtbare Vogelnest
20 ihrem Mann. Sobald dieser es nahm, wurde auch er unsichtbar. Die Frau
aber wurde wieder sichtbar, da sie ja das Vogelnest nicht mehr hielt.
So gingen die beiden eine Weile nebeneinander her. Sie tauschten immer
wieder das Vogelnest und wurden dabei abwechselnd sichtbar und
unsichtbar. Schließlich wickelten beide das wundersame Nest in ein Tuch,
25 das ebenfalls sogleich unsichtbar wurde. Sie nahmen das Nest in dem
Tuch mit in ihr Haus. Zwar konnten sie beides nicht sehen, es aber
jederzeit spüren. Und immer, wenn sie selbst unsichtbar werden wollten,
nahmen sie das Nest in die Hand.

(nach Jakob und Wilhelm Grimm)

APP Audio: zuhören
Audio: mitlesen

① Wann soll sich diese Sage ereignet haben?
Unterstreiche grün.

② Wo soll sich diese Sage ereignet haben?
Unterstreiche gelb.

③ Was ist an der Sage unglaublich? Kreuze rot an.
Was kann tatsächlich so sein? Kreuze blau an.

☒ Dass das Nest nur im Spiegelbild zu sehen war.

◯ Dass sich auf einem Baum ein Nest befand.

◯ Dass Menschen unsichtbar wurden, wenn sie das Nest nahmen.

☒ Dass jemand an einem See spazieren ging.

④ Welche Bilder passen zur Geschichte? Kreise sie ein.

Gartenzwergfrust

E-Mail

| Datei | Bearbeiten | Ansicht | Extra | Nachricht |

Senden ✉

An: gartenzwerglein@beispiel.de

Betreff: Kündigung

Sehr geehrte Damen und Herren!

Hiermit möchte ich mein Abonnement für die Zeitschrift „Gartenzwerglein"
zum 1. November kündigen. Die Zeitschrift wird von meiner Familie und mir
nicht mehr gelesen. Ich möchte Ihnen die Gründe dafür nicht vorenthalten:

Grund 1: Unser armer Gartenzwerg Waldi ist stark beschädigt. Das kam so:
Zunächst ließ ein unverschämter Vogel eine weiße Ladung auf ihn herab
und verunreinigte sein Gesicht. Die Spuren konnte ich nie mehr vollständig
beseitigen, obwohl ich das von Ihnen empfohlene Reinigungsmittel
„Sauberzwerg" im Handel besorgt habe.

Grund 2: Schließlich kam der Nachbarshund, ein Boxer namens
„Klitschko", und warf Waldi einfach um. Dabei fiel der Zwerg
auf einen Stein und brach sich den Arm ab. In Ihrem Artikel „Arm ab –
Superkleber ran" hatte ich gelesen, dass man derartige Schäden
beheben kann, indem man den Klebstoff „Schnell und sauber" benutzt.
Doch Ihr Rat war leider wenig hilfreich: Nachdem der Arm einen halben
Tag lang hielt, kam noch einmal der Boxer und warf den Zwerg
ein weiteres Mal um. Der Arm löste sich dabei und zerfiel in tausend Teile.
Leider kann man mit „Schnell und sauber" so viele Teile nicht mehr kleben.
Ich fürchte, dass wir Abschied von Waldi nehmen müssen.

Grund 3: Ihre Zeitschrift heißt „Gartenzwerglein". Nun handelt es sich
bei Waldi aber um einen Gartenzwerg von einem Meter Größe. Auch
unser zweiter Zwerg „Fröhlichmann" misst eine Länge von immerhin
80 Zentimetern. Mit „Gartenzwerglein" ist aber wohl eher ein Zwerg
gemeint, der unter einem halben Meter groß ist. Vielleicht sollten
Sie sich einen passenderen Namen für Ihre Zeitschrift überlegen.

Mit freundlichen Grüßen
Carla Meckermund

① Die Redaktion der Zeitschrift „Gartenzwerglein"
antwortet auf Frau Meckermunds E-Mail.
Welche Antwort passt zu welchem Grund? Trage die Nummern ein.

An: clara.meckermund@beispiel.de

Betreff: Ihre Kündigung

zu Grund 3 :
Sie haben den Leserkreis für die Zeitschrift „Gartenzwerglein" richtig
erfasst. Für Ihre Interessengruppe führen wir das Heft „Zwergriese".
Durch dieses zusätzliche Angebot an Zeitschriften können wir besser
auf die Bedürfnisse unserer Leserinnen und Leser und ihrer Zwerge
eingehen ...

zu Grund 1 :
Es ist uns unerklärlich, weshalb offensichtlich Schmutzreste auf Ihrem
Zwerg haften blieben. Bisher konnte mit dem im Artikel angegebenen
Mittel jede Verunreinigung spurlos entfernt werden. Wir empfehlen,
die Gebrauchsanweisung genau zu befolgen ...

zu Grund 2 :
Wir gehen davon aus, dass an der Zerstörung und den Problemen
bei der Reparatur des Zwerges nicht das von uns empfohlene Produkt
Schuld hat. Ganz offensichtlich ist die Abfolge der Ereignisse,
verursacht durch das Nachbarsungeheuer, für das Unglück
verantwortlich zu machen ...

Stars-Check: Sagen

1 Wie könnte eine Sage beginnen?

- ☐ Es war einmal ein König, der hatte zwei Töchter.
- ☐ Als ich gestern mit dem Hund rausging, ist etwas Unglaubliches passiert.
- ☒ In Bingen am Rhein steht ein alter Turm, der „Mäuseturm" genannt wird.

2 Was wird in einer Sage vermischt?

- ☒ etwas Wirkliches und etwas Fantastisches
- ☐ eine Lüge und ein Witz
- ☐ Reime und Berichte

3 Welches Ende passt zu einer Sage?

- ☐ Wenn zwei sich streiten, freut sich der Dritte.
- ☒ Und so kam dieser Ort zu seinem Namen.
- ☐ Sie lebten glücklich und zufrieden bis an ihr Lebensende.

4 Was passiert in welcher Sage? Schreibe die Titel auf und ergänze die Sätze.

1 Der Wendelstein   S. 23

Kleine Wichte verwandeln Schätze in Eisen. Daher kommt der Name des Berges.

2 Das Vogelnest   S. 40

Vor 200 Jahren im Schwarzwald haben ein Mann und eine Frau ein Vogelnest gefunden, das unsichtbar macht.

44   [APP] Check

Bananenbrot und Bananen-Smoothie

1 Hier sind zwei Rezepte durcheinandergeraten. Unterstreiche: Bananenbrot = braun, Bananen-Smoothie = gelb

- Zutaten für 4 Gläser:
  5 reife Bananen, 850 ml kalte Milch,
  1 Päckchen Vanillezucker, Eiswürfel.
  Für die Dekoration: frische Minze-Blätter

- Zutaten für 1 Brot (10 dicke Scheiben):
  3 reife Bananen, 80 ml Sonnenblumenöl,
  100 g brauner Zucker, 2 Eier,
  200 g Mehl, 3 TL Backpulver, 1 Prise Salz,
  1 Päckchen Vanillezucker, 1 Prise Zimt, etwas Butter.
  Für die Dekoration: backfeste Schokotropfen

Wenn du die Rezepte ausprobieren willst, kontrolliere vorher deine Lösungen!

- Ofen auf 180 Grad vorheizen und Kastenform mit der Butter einfetten.
- Bananen schälen und mit einer Gabel zu Püree zerdrücken. Öl, Zucker und Eier verquirlen.
- Bananen schälen, in Stücke schneiden und in einem Rührgefäß pürieren. Das Püree mit der kalten Milch aufgießen, den Vanillezucker hinzugeben.
- Mehl, Backpulver, Salz, Zimt und Vanillezucker vermischen, dann die Eier-Masse und danach das Bananen-Püree unterrühren.
- Alles gut mixen, bis die Trinkmischung schön cremig ist.
- Teig in die Form füllen, Schokotropfen darüber verteilen und im vorgeheizten Ofen ca. 50 Minuten backen.
- Eiswürfel auf vier Gläser verteilen und das Getränk daraufgießen, mit Minze-Blättern dekorieren und direkt servieren.
- Nach dem Auskühlen das Backwerk aus der Form nehmen.

45

Alles über Katzen

1 Das war alles für die Katz!
2 Die Katze im Sack kaufen.
3 Nur Katzenwäsche machen.
4 Die Katze aus dem Sack lassen.
5 Wie eine Katze um den heißen Brei herumschleichen.
6 Ist die Katze aus dem Haus, tanzen die Mäuse auf dem Tisch.

1 Welche Redewendung passt zu welcher Erklärung und zu welcher Beispiel-Geschichte? Ordne die Nummern richtig zu.

Erklärungen

5 Um etwas herumreden, etwas Unangenehmes nicht klar aussprechen.

1 Etwas ist nutzlos, vergeblich.

4 Endlich mit der Sprache herausrücken, etwas endlich erzählen.

6 Unbeaufsichtigt etwas tun, was man eigentlich nicht darf.

3 Sich schnell und weniger gründlich waschen.

2 Etwas kaufen, ohne es vorher genau angesehen zu haben.

46

Beispiel-Geschichten

6 Rieke weiß genau, dass sie eigentlich nicht in den Kirschbaum klettern soll, aber Mama werkelt in der Garage und kann sie nicht sehen. Flink wie eine Katze hangelt sich Rieke hoch. Die Kirschen ganz oben schmecken einfach am besten!

1 Der Hausmeister Herr Murr hat am Morgen die Herbstblätter vor dem Schuleingang zur Seite gefegt. Als er gerade den Besen wegstellt, stürmen ein paar Kinder lachend durch den Blätterberg. Im Nu liegen die Blätter wie vorher vor dem Eingang. Herr Murr ruft: „Och Kinder, jetzt war meine Arbeit ganz umsonst!"

3 Eigentlich ist heute Badetag für Laurens und Liane. Die beiden sind nur sehr spät dran und wollen den Anfang ihrer Lieblingsserie nicht verpassen. „Heute reicht auch Hände und Gesicht waschen", schlägt da Liane vor.

5 Onkel Pit hat Geburtstag. Lotte druckst vor der Abfahrt herum: „Jetzt sitzen wir eine Stunde im Auto. Bestimmt gibt es wieder nur Torte, die mag ich nicht. Und dann sprecht ihr Erwachsenen die ganze Zeit nur ..." Da fragt die Mutter: „Lotte, was möchtest du mir eigentlich sagen?"

2 Mama bestellt manchmal Sachen im Internet. Oft sagt sie dann: „Ich bin sehr gespannt, wie das Teil wirklich aussieht."

4 Mama und Papa haben sich immer so seltsam angeschaut. Irgendetwas haben sie mir verheimlicht, das habe ich genau gespürt. Eben haben sie mich zu sich gerufen. Jetzt weiß ich, was los ist, und freue mich sehr: Ich bekomme eine Schwester ... oder einen Bruder.

47

Eine ganz besondere Landschaft

Wie ein Moor entsteht

Erst nach der letzten Eiszeit, vor ungefähr 10.000 Jahren,
entstanden Moore. Sie bildeten sich in Mulden mit einer wasserundurchlässigen Tonschicht am Boden. Da das Regenwasser dort
nicht abfließen konnte, entstanden Seen mit Wasserpflanzen.
5 Starben diese Pflanzen ab, sanken sie auf den Boden und bildeten
mit der Zeit eine immer dickere Schlammschicht: das Moor.

Pflanzen und Tiere im Moor

Moorlandschaften sind sehr empfindlich und müssen geschützt
werden. Sie sind die letzten Rückzugsgebiete einiger seltener
Pflanzen und Tierarten. Du findest dort besondere Moose, Wollgräser,
10 Zwergsträucher, seltene Schmetterlinge, Spinnen und Käfer.

Moorschutz ist Klimaschutz

Moore haben für unser Klima einen großen Nutzen, denn sie
speichern Kohlenstoffdioxid, das CO_2. Moore können also dabei
helfen, dass nicht zu viel klimaschädliches CO_2 in der Luft ist.
Moore dienen auch als Wasserspeicher. Sie saugen sich voll,
15 wie Schwämme bei starken Regenfällen, Überschwemmungen
und Hochwasser. Sie speichern das Wasser und geben es
in niederschlagsarmen Zeiten wieder ab. So sorgen Moore
für eine ausgeglichene Wasserzufuhr. Der Schutz der Moore
ist wichtig!

---

(1) Schreibe die passenden Überschriften über die Abschnitte.

Moorschutz ist Klimaschutz		Wie ein Moor entsteht
Pflanzen und Tiere im Moor		

(2) Für wen sind Moore die letzten Rückzugsgebiete?
Schreibe in die Tabelle.

Tiere	Pflanzen
Schmetterlinge	Moose
Spinnen	Wollgräser
Käfer	Zwergsträucher

(3) Was stimmt nicht? Streiche falsche Aussagen durch.

~~Moore entstanden vor der Eiszeit.~~

Moore speichern viel CO_2.

~~Moore können nur wenig Wasser aufnehmen.~~

Moore bieten seltenen Tieren und Pflanzen einen Lebensraum.

Unter Mooren befindet sich eine Tonschicht.

~~Moore verursachen Überschwemmungen.~~

(4) Wieso sorgen Moore für eine ausgeglichene Wasserzufuhr?
Suche die Erklärung im Text und schreibe den Satz auf.

Moore speichern das Wasser und geben es
in niederschlagsarmen Zeiten wieder ab.

Geheime Abmachungen

Fred Finster, Karl Knast und Lilo Langfinger trafen sich
im Café am Eck. Sie führten nichts Gutes im Schilde.
„Abm Mobntabgfrübh gebht ebs lobs", sagte Fred Finster.
Er ließ seinen Blick durch das Café schweifen, um sicher zu gehen,
5 dass niemand zuhörte. Aber selbst wenn, war es kein Problem.
Sicher verstand niemand ihre Geheimsprache!
„Um wlch Uhrzit solln wir uns trffn?", fragte Lilo Langfinger.
Ihre Geheimsprache war am schwierigsten auszusprechen.
Sie konnte das trotz ihrer piepsigen Stimme sehr gut.
10 „Äm ächt Ähr träffän wär äns", schlug Karl Knast vor.
„Abllebs klabr!", nickte Fred.
„Abr wir tun dn Bankangstlltn nichts!", sagte Lilo.
„Nän, wär ärschräckän sä när. Dänn räckän sä däs Gäld räs."
„Ubnd dabnn haubebn wibr schnebll abb!", feixte Karl.
15 Die drei lachten nun so laut, dass ein paar Gäste des Cafés
sie fragend anschauten.
Im nächsten Augenblick stand ein Mann vom Nebentisch auf,
ging auf sie zu und sprach mit tiefer Stimme:
„Puluzu! Us dum Plun wurd nuchts. Uhr sud vurhuftut!"
20 Die drei Banditen sahen sich fragend an. Was sprach der Mann
für eine seltsame Sprache? Und was wollte er von ihnen?

---

(1) Was haben die drei Banditen vor?

☐ Sie wollen ein Bild stehlen. ☒ Sie wollen eine Bank ausrauben.

☐ Sie wollen ein Auto knacken. ☐ Sie haben nichts Besonderes vor.

(2) Wann wollen sich die Banditen treffen?

um acht Uhr

(3) Was will der Mann vom Nebentisch von den Banditen?

☐ Er ist auch ein Bandit und will ihnen helfen.

☐ Er will sie fragen, welche Sprache sie sprechen.

☒ Er ist ein Polizist und will sie verhaften.

(4) Übersetze, was der Mann vom Nebentisch sagt.

Polizei! Aus dem Plan wird nichts.
Ihr seid verhaftet!

(5) Wer spricht welche Geheimsprache? Schreibe den Namen dazu.

Fred Finster : Nach jedem Vokal, Umlaut oder Zwielaut
wird ein b eingefügt.

Karl Knast : Alle Vokale, Umlaute oder Zwielaute
werden als Ä / ä gesprochen.

Polizist : Alle Vokale, Umlaute oder Zwielaute
werden als U / u gesprochen.

Lilo Langfinger : Das E / e wird nicht gesprochen.

(6) Wer sagt diesen Satz?

Karl Knast : „Nän, wär ärschräckän sä när."

Mittagessen in der Schule

Speiseplan vom 29.9. bis 3.10.		
Tag	**Menü A**	**Menü B**
Mo 29.09.	Lasagne, Salat Obst	Gemüseauflauf mit Käse, Salat, Obst
Di 30.09.	Putengulasch, Reis, Obstquark	Kartoffelpuffer mit Apfelmus, Obstquark
Mi 01.10.	Fischstäbchen, Kartoffelsalat, Eis	Käsespätzle, Salat Eis
Do 02.10.	Schinkennudeln, Salat Joghurt	Pizza, Salat, Joghurt
Fr 03.10.	–	–

!!Wichtig!! Essensmarken werden ab sofort
nur noch in 5er-Päckchen zu 20 € verkauft.

Tischzeiten

Mo–Do: 12.00–13.30 Uhr
Fr: 11.30–13.30 Uhr

Bei mir gibt es heute Fisch.
Und morgen auch.
Und übermorgen auch ...

52

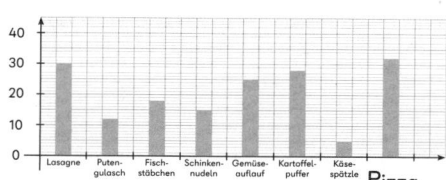

1 Lies das Diagramm. Ergänze das fehlende Gericht.

Wie viele Kinder essen in dieser Woche das Menü A? **75**

Wie viele Kinder essen in dieser Woche das Menü B? **90**

Welches Gericht wurde am häufigsten gewählt? **Pizza**

An welchem Tag essen die wenigsten Kinder in der Schule?

Mittwoch

An welchen Tagen gibt es Gerichte mit Kartoffeln?

Dienstag und **Mittwoch**

2 Wie viele Stunden pro Woche ist der Speiseraum geöffnet?

8 Stunden

3 In der Klasse 4 b nehmen vom 29.9. bis 2.10. täglich 15 Kinder am Mittagessen teil. Welcher Betrag muss dafür bezahlt werden?

240 Euro

4 Warum gibt es an diesem Freitag kein Mittagsmenü?

Der 3.10. ist ein Feiertag.

53

Blattschneiderameisen

In Südamerika sind Blattschneiderameisen weit verbreitet.
Sie sind größer als ihre Artgenossen hier bei uns.
Wie ihr Name schon sagt, schneiden sie mit ihren
kräftigen Beißwerkzeugen Stücke aus Blättern heraus.
5 Anschließend transportieren sie diese in unterirdische
Kammern. Sie ernähren sich aber nicht direkt von diesen
Blättern, sondern zerkauen sie zu einem Brei. Auf diesem Brei
züchten die Blattschneiderameisen einen Pilz, der ihnen als
Nahrung dient. Diese Partnerschaft zwischen Ameise und Pilz
10 ist so eng, dass beide nicht ohneeinander leben können.
Diese faszinierenden Lebewesen leben in riesigen Kolonien mit bis zu
8 Millionen Tieren. In so einem Ameisenstaat sind die Aufgaben
streng verteilt: Die größte Ameise ist die Königin. Sie kommt
nie ans Tageslicht. Sie ist die einzige, die Eier legt, aus denen
15 die Larven schlüpfen. Die Eier legt sie in Zuchtkammern ab.
Die Maxima-Arbeiterin zerschneidet mit ihren kräftigen
Beißwerkzeugen Blätter und befördert die Blattteile anschließend
zum Bau. Dabei trägt sie die Stücke wie ein aufgespanntes Segel
über ihrem Kopf. Man nennt sie deshalb auch „Sonnenschirm-Ameise".
20 Am Ameisennest wird die Ladung von den etwas
kleineren Media-Arbeiterinnen übernommen.
Sie schleppen die Blattstückchen nach unten in den Bau
und geben sie an die Minima-Arbeiterinnen, die kleinsten
des Staates, weiter. Diese zerkauen die Teile zu einem Brei
25 und verteilen diesen dann auf die Zuchtkammern. Dort
wachsen nun Pilzflechten heran, die die Ameisen selbst
fressen und auch an ihre Larven verfüttern.
Um den Ameisenbau gegen Eindringlinge zu verteidigen,
stehen einige besonders große Ameisen bereit: Die Soldaten.
30 An ihrem Kopf befinden sich beachtliche Beißzangen.

54

APP Audio: zuhören
Audio: mitlesen

1 Streiche falsche Aussagen durch.

- ~~Die Blattschneiderameise ist in Europa weit verbreitet.~~
- Sie ist größer als ihre Artgenossen bei uns.
- ~~Mit ihren kräftigen Vorderbeinen schneidet sie Stücke aus den Blättern.~~
- ~~Jungtiere sammeln die Blattstücke ein.~~
- Zwischen Pilz und Ameise entsteht eine Partnerschaft.
- ~~Die Königin verlässt ihr Nest zum Eier legen.~~
- Die Aufgaben in einem Ameisenstaat sind gut verteilt.
- Blattteile werden von den Ameisen wie Segel über dem Kopf getragen.
- ~~Die Königin nennt man auch „Sonnenschirm-Ameise".~~
- Die Maxima-Arbeiterin zerschneidet die Blätter.
- ~~Am Ameisennest übernehmen größere Media-Arbeiterinnen die Blattstücke.~~
- Media-Arbeiterinnen transportieren die Laubteile zum unterirdischen Nestbau.
- ~~Die Blattschneiderameise ernährt sich von Blättern.~~
- Die kleinsten Ameisen sind die Minima-Arbeiterinnen.
- ~~Minima-Arbeiterinnen verschlucken Teile vom Brei.~~
- ~~In einer Kolonie leben bis zu drei Millionen Ameisen.~~
- ~~Ameisen verfüttern Larven an die Pilzstückchen.~~
- ~~Soldaten haben an ihren Beinen besonders große Zangen.~~
- Auf den zerkauten Blattstücken wachsen Pilze.
- Ohne die Ameisen könnten die Pilze nicht leben.

55

Rund um den Müll

1 Entscheide, ob die Aussagen **T**atsache (**T**) oder **M**einung (**M**) sind.
Notiere den entsprechenden Buchstaben im Kästchen dahinter.

> Eine **T**atsache ist etwas, das immer gilt und bewiesen ist, z. B.: „Glasflaschen sind schwerer als Plastikflaschen."

> Eine **M**einung ist, wenn jemand etwas in einer bestimmten Art empfindet, z. B.: „Ich finde Glasflaschen schöner als Plastikflaschen."

Müll oder Abfall, der nicht wiederverwendet werden kann, heißt Restmüll.	T
Müll, den wir wiederverwenden können, zum Beispiel Glas und Papier, nennen wir Wertstoff.	T
Ich finde Verpackungen praktisch.	M
Restmüll wird in einer Müllverbrennungsanlage verbrannt.	T
Altpapier und Altglas werden in Wertstoff-Containern gesammelt.	T
Es ist lästig, den Müllbeutel zur Restmülltonne zu tragen.	M
Äpfel lose zu kaufen, verringert den Verpackungsmüll.	T
Aus sauberem Müll etwas zu basteln, macht Spaß.	M
Auf viele Flaschen und Dosen gibt es Pfand, damit die Menschen die leeren Behältnisse in die Geschäfte zurückbringen.	T
Die Müllabfuhr kostet Geld.	T
Menschen sollten die Verantwortung für ihren Müll tragen, damit andere Lebewesen und die Natur nicht darunter leiden.	M
Wer wiederaufladbare Batterien (Akkus) kauft, hat weniger Müll und spart auf Dauer sogar Geld.	T
Recycling ist das Fremdwort für Wiederverwertung.	T
Es ist spannend, zum Recycling-Hof zu fahren.	M

56   APP Video: Sachfilm

Stars-Check: Sachtexte

Besonders an heißen Tagen ist es wichtig, viel zu trinken.
Dabei ist <u>Wasser</u> das beste Getränk. Es löscht den Durst und
versorgt deinen Körper direkt mit Flüssigkeit. Weil es keine Kalorien
hat und keinen Zucker enthält, ist es die gesündeste Erfrischung.
Auch <u>ungesüßte Früchtetees</u> oder <u>Kräutertees</u> sind prima Durstlöscher.
Früchte mit hohem Wassergehalt stillen ebenfalls deinen Durst.
Dazu gehören saftige Früchte wie die Salatgurke und die Wasser-
melone. Sie sind prall gefüllt mit Wasser. Aber auch Tomaten, Orangen,
Radieschen und Erdbeeren sind sehr wasserreich. Wenn wir sie essen,
nehmen wir jede Menge Flüssigkeit auf und lindern so den Durst.

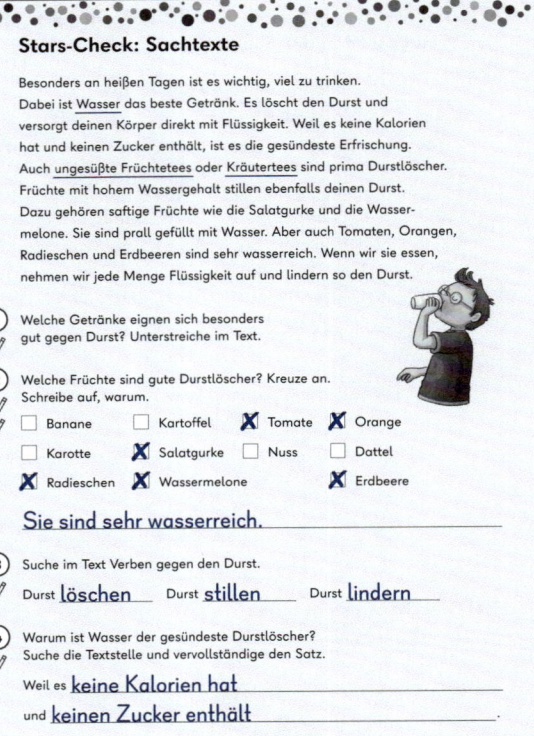

1 Welche Getränke eignen sich besonders
gut gegen Durst? Unterstreiche im Text.

2 Welche Früchte sind gute Durstlöscher? Kreuze an.
Schreibe auf, warum.

☐ Banane   ☐ Kartoffel   ☒ Tomate   ☒ Orange
☐ Karotte   ☒ Salatgurke   ☐ Nuss   ☐ Dattel
☒ Radieschen   ☒ Wassermelone   ☒ Erdbeere

<u>Sie sind sehr wasserreich.</u>

3 Suche im Text Verben gegen den Durst.

Durst <u>löschen</u>   Durst <u>stillen</u>   Durst <u>lindern</u>

4 Warum ist Wasser der gesündeste Durstlöscher?
Suche die Textstelle und vervollständige den Satz.

Weil es <u>keine Kalorien hat</u>
und <u>keinen Zucker enthält</u>.

APP Check   57

Missverständnisse

> Bei manchen Wörtern musst du genau überlegen, welche Bedeutungen sie haben könnten.

> An Ihrem Schaufenster steht: NEUERÖFFNUNG. Sind Sie Herr Neuer? Wo befindet sich diese Öffnung? Ist das eine Öffnung in einem Felsen, also eine Art Höhle? Verlangen Sie für die Höhlenbesichtigung Eintritt, Herr Neuer?

> Auf dem Angebotsschild vor Ihrer Ladentür steht: GÜNSTIGE BLUMENTOPFERDE. Wo sind denn die Pferde? Kann man sie reiten? Wie groß sind die Vierbeiner? Was kosten sie?

> Sie haben einen SCHIMMEL zu verkaufen? Und dafür wollen Sie 5000 Euro? Finden Sie das nicht ein bisschen teuer? Schimmel kann ich mir schließlich selbst auch züchten: Ich brauche nur eine Tomate in eine Plastikdose zu legen und sie ein paar Wochen stehenzulassen. Dann bekomme ich richtig schönen Schimmel!

> Ich möchte gerne Ihr besonderes Ei kaufen. Gibt es dieses Ei auch einzeln oder ist das KONDITOREI so klein, dass man besser mehrere davon nehmen sollte? Verwenden Sie das Konditorei auch für Ihre Torten hier?

58

---

1 Welches Wort wurde missverstanden?
Trage es bei der passenden Antwort ein.

> Ihr <u>Schimmel</u> kann aber nicht galoppieren.

> Unseren Laden hat es vorher nicht gegeben. Deshalb steht die Aufschrift <u>Neueröffnung</u> draußen.

> In unserer <u>Konditorei</u> gibt es nur Waren, in denen normale Eier enthalten sind.

> Ein Sack <u>Blumentopferde</u> kostet 5,90 Euro und ist für alle Pflanzen geeignet.

2 Warum kam es zu den Missverständnissen?
Schreibe die missverstandenen Wörter zu den passenden Erklärungen.

Diese Wörter wurden falsch betont: <u>Neueröffnung</u>
<u>Konditorei</u>, <u>Blumentopferde</u>

Dieses Wort hat eine doppelte Bedeutung: <u>Schimmel</u>

3 ⭐ Diese Wörter haben auch eine doppelte Bedeutung: Maus, Bank, Flügel.
Male das Wort und die beiden Bedeutungen in der gleichen Farbe an.

Maus   Bank   Flügel

Tasteninstrument   Sitzgelegenheit   Tier   Körperteil eines Vogels
Geldinstitut   Computerzubehör

⭐ 59

Hexenfest

„Dumdidumdidei, Suppe herbei!", rief Junghexe Adelina
und zeichnete mit dem Zauberstab Kreise in die Luft.
Im nächsten Moment stand ein großer Topf
mit einer duftenden, klaren Hühnersuppe vor ihr.
5 „Igitt, was ist das!", rief Oberhexe Bellaknax. „Gleich
beginnt das Fest. Wir brauchen eine echte Hexensuppe.
Die hat giftgrün zu sein, stinkt nach altem Spinnenfurz und
es schwimmen Krötenaugen darin. Was ist heute nur los?
Keine eklige Hexensuppe, keine falschen Töne, denn
10 die Musikerinnen haben ihre Geigen gestimmt.
Selbst die Sonne scheint. Es ist wie nicht verhext!
So schön kann man doch nicht feiern!"

Da schwebte die alte Hexe Moriko auf ihrem Besen
näher. Genau als ihre Füße den Boden berührten,
15 fuhr ein silberner Blitz in den Suppentopf.
Giftgrün leuchtete die Suppe jetzt und
Krötenaugen schauten heraus. Der Himmel
wurde schwarz, es donnerte und blitzte.
Und mit dem Gestank nach Spinnenfurz,
20 der sich ausbreitete, kamen die Gäste angeflogen.
Die Musik war herrlich schief, es wurde
ein grässliches Fest. Die Hexen tanzten
bis tief in die dunkle Nacht ums Feuer.

60

---

① Wie heißen die Hexen? Ergänze die Namen.

Oberhexe __Bellaknax__   alte Hexe __Moriko__

Junghexe __Adelina__

② Was mögen die Hexen? Verbinde.

die schiefe	→	Suppe
die stinkende		Nacht
das schlechte		Musik
die dunkle		Wetter

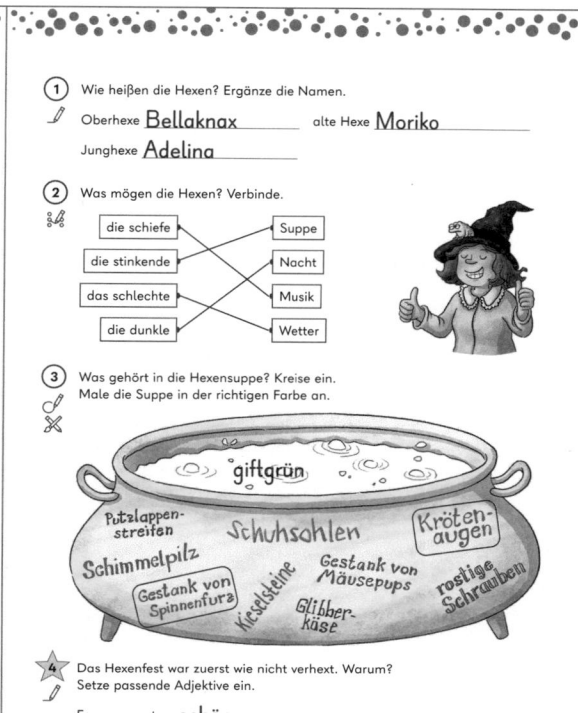

③ Was gehört in die Hexensuppe? Kreise ein.
Male die Suppe in der richtigen Farbe an.

giftgrün

Putzlappenstreifen · Schuhsohlen · Krötenaugen · Schimmelpilz · Gestank von Mäusepups · Kieselsteine · Glibberkäse · rostige Schrauben · Gestank von Spinnenfurz

④ Das Hexenfest war zuerst wie nicht verhext. Warum?
Setze passende Adjektive ein.

Es war zuerst zu __schön__ .

Hexen wollen ein __grässliches__ Fest!

61

Wissenswertes über Planeten

Es gibt viele verschiedene Sonnensysteme im Weltall.
Die meisten haben zwei Sonnen, wir haben eine.

Um unsere Sonne wandern acht Planeten in kreisähnlichen Bahnen.
Die Sonne ist für die Wärme zuständig. Je nach Entfernung von
5 der Sonne herrschen verschiedene Temperaturen auf den Planeten.

Der bräunlich aussehende Merkur ist der kleinste und am nächsten
zur Sonne stehende Planet. Tagsüber kann es auf dem Merkur
350 Grad Celsius heiß werden, nachts ist es eisigkalt,
zum Beispiel −170 Grad Celsius.

10 Der größte Planet ist der Jupiter, der etwa elfmal so groß wie
die Erde ist. Er zieht zwischen Mars und Saturn seine Bahnen.

Die Venus hat ihre Umlaufbahn um die Sonne zwischen
Merkur und Erde. Sie ist ungefähr so groß wie die Erde
und ständig von Wolken umgeben.

15 Der Erde ist zu großen Teilen von Meer bedeckt,
weshalb sie vom Weltall aus blau erscheint.

Von der Sonne aus gesehen ist der vierte Planet der Mars.
Er hat eine rötliche Farbe, weil im Marsgestein Eisen enthalten ist.
Ein Forschungsteam hat herausgefunden, dass es dort viele große
20 Steinbrocken und Vulkane gibt.

Der Saturn ist umgeben von einem Ring aus
herumfliegenden Eisbrocken und Staub. Neben dem Saturn
zieht zunächst der Uranus, dann der Neptun seine Kreise.

Oftmals kreisen Monde um die Planeten. So gehören
25 zum Planeten Neptun elf Monde, zum Planeten Uranus
sogar 24 Monde!

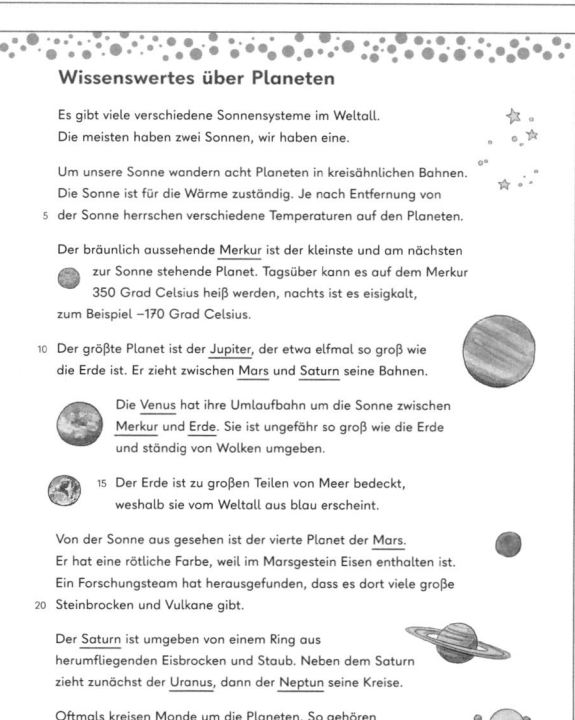

62

---

① Schreibe die acht Planeten geordnet nach ihrer Entfernung zur Sonne auf.

Sonne

1. Merkur
2. Venus
3. Erde
4. Mars
5. Jupiter
6. Saturn
7. Uranus
8. Neptun

> Du kannst zuerst
> die Namen der Planeten
> im Text unterstreichen.

② Welche Planeten sind das?

__Saturn__   __Mars__

③ Kreuze richtige Aussagen an.

☒ Eisen färbt Gestein rötlich.

☐ Eine Wolkenhülle umgibt den Mars.

☐ Die Venus ist etwa elfmal kleiner als der Jupiter.

☐ Alle Planeten haben mehrere Monde, die sie umgeben.

☒ Die Erde ist ein blauer Planet.

☒ Auf dem Merkur gibt es große Temperaturunterschiede.

63

Verdächtige Gestalten

Kapitänin Jakobs steuerte nachdenklich das Schiff
aus dem Kieler Hafen Richtung Danzig. Die Ladung,
die sie diesmal an Bord hatten, war besonders wertvoll.
Sie transportierten zehn grüne Kisten mit weißer Aufschrift,
5 in denen sich Gewürze befanden, acht braune Kisten
mit schwarzer Aufschrift, in denen sich Glasgut befand,
und zwei ebenfalls braune Kisten, aber mit weißer
Aufschrift, in denen Edelsteine gelagert wurden. 
Kapitänin Jakobs war es gewohnt, oftmals wertvolle Güter von Deutschland
10 aus zunächst zu der polnischen Hafenstadt, dann nach Lettlands Hauptstadt
Riga, schließlich nach Tallinn, der Hauptstadt Estlands, weiter zum russischen
St. Petersburg und schließlich nach Helsinki, der Hauptstadt Finnlands, zu
transportieren. Die letzte Anlaufstelle vor der Rückfahrt nach Kiel war dann
immer Stockholm, die Hauptstadt Schwedens. Wenn sie bis dahin alle Kisten
15 im richtigen Hafen abgeliefert hatte, war Kapitänin Jakobs froh.

Was die Kapitänin diesmal beunruhigte, waren die drei
neuen Seeleute an Bord. Fred Johanson, mit seinen
auffallend blauen Augen und den gelockten braunen
Haaren, war wortkarg und lachte nie. Ole Neumann, die
20 andere zwielichtige Gestalt mit blondem Lockenkopf,
grinste zwar immerzu, war aber ebenfalls wenig
gesprächig. Umso mehr redete Jana Fleischer, deren
dunkelgelockte Haare ihr bis zu den Schultern reichten.
Irgendwie kam sie Kapitänin Jakobs verdächtig vor.
25 Jana war oft verlegen, so als habe sie etwas angestellt.
Die Edelsteine sollten eigentlich im vorletzten Hafen,
den sie vor der Rückkehr nach Kiel anliefen, das Schiff
verlassen. Das Glasgut war zur Hälfte für die Hauptstadt Estlands, zur anderen
Hälfte für die schöne russische Stadt bestimmt. Die grünen Kisten sollten das
30 Schiff in Danzig und Riga verlassen.

64

---

1 Zeichne den Weg des Schiffs ein. Schreibe neben die Städte, welche Güter hier ausgeladen werden sollen.

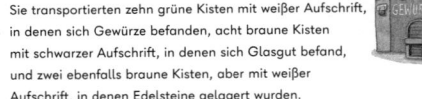

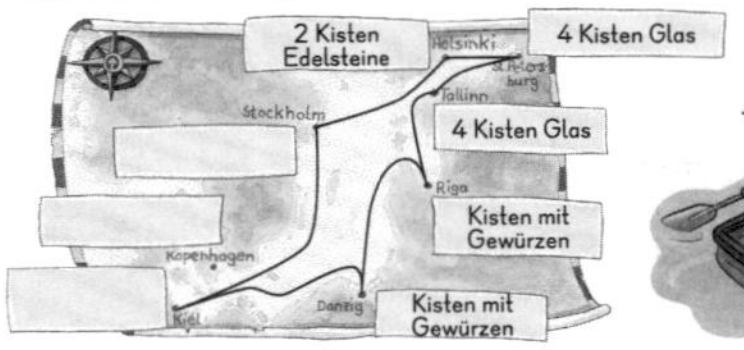

Manche Kärtchen bleiben leer.

2 Lies hier die Geschichte weiter und setze die fehlenden Namen ein.

Der braungelockte Matrose mit dem Vornamen **Fred**
lud drei braune Kisten mit schwarzer Aufschrift und eine braune Kiste mit
weißer Aufschrift in Tallinn aus. An der zweiten Haltestelle, nämlich in
Riga, schaffte der blonde Matrose fünf grüne Kisten mit weißer
Aufschrift und eine braune Kiste mit schwarzer Aufschrift vom Schiff.
Vier braune Kisten mit schwarzer Aufschrift wurden im vierten Anlaufhafen,
nämlich in **St. Petersburg**, durch die redselige Person
Jana Fleischer von Bord gebracht. Zwei braune Kisten, eine weiß,
die andere schwarz beschriftet, verließen in Finnlands Hauptstadt
Helsinki durch das tatkräftige Zutun der Person mit den
blauen Augen, mit Namen **Fred Johanson**, das Schiff.
Kapitänin **Jakobs** hatte also Recht behalten: Einer der neuen
Seeleute hatte eine Kiste Edelsteine in **Tallinn** unerlaubter Weise
von Bord gehen lassen. Diese Person war **Ole Neumann**.

APP Video: Sachfilm

65

Lustiges zum Schluss

1 Was gehört zusammen? Trage die Buchstaben für die Lösung ein.

1	Was ist grün und klopft an die Tür?	eine Freuschrecke — L
2	Was ist rot und winzig klein?	ein Schmollkornbrot — T
3	Was ist grün, fröhlich und hüpft von Grashalm zu Grashalm?	ein 3-Gänge-Menü — S
4	Was sitzt auf dem Baum und winkt?	eine Miesmuschel — I
5	Was sitzt auf einem Ast und weint?	die Flohmate — H
6	Was bestellt ein Maulwurf im Restaurant?	eine Heule — S
7	Wo wohnen Katzen?	auf dem Fliegestuhl — L
8	Was liegt am Strand und ist schlecht gelaunt?	der Klopfsalat — C
9	Was macht eine Katze im Fitness-Studio?	„Ah! Heu!" — S
10	Worauf liegst du am Wolkenmeer?	im Mietzhaus — M
11	Was ist das Gegenteil von Japan?	ein Spionat — I
12	Was sagt der Pirat auf dem Bauernhof?	ein Karamel — G
13	Was ist gesund und schnell beleidigt?	ein Huhu — U
14	Was ist grün und schaut durchs Schlüsselloch?	den Muskelkater suchen — T
15	Was ist braun und klebt in der Wüste?	Neinpan — U

S C H L U S S   M I T   L U S T I G !
1 2 3 4 5 6 7 8 9 10 11 12 13 14 15

66

Stars-Check: Geschichten

„Bennis Zeichnung ist ja wohl für die Katz!", wisperte Pina und
verdrehte die Augen. Der Lehrer warf ihr einen strengen Blick zu.
An der Tafel hingen 19 Zeichnungen mit einem Vogel drauf, der nicht
fliegen, aber schnell laufen konnte: Er hatte lange Beine, Federn,
einen langen Hals und einen kleinen Kopf mit einem spitzen Schnabel.
Nur auf Zeichnung Nummer 20 waren zwei orange, drei rote und vier
lila Blumen zu sehen, die in einer Vase standen. „Dein Bild sieht hübsch
aus", sagte Doro zu dem Künstler, „auch wenn du nicht gezeichnet hast,
was Herr Gurke gesagt hat." Herr Gurke schmunzelte: „Na ja, eigentlich
hast du schon das Passende gemalt!" Benni nickte und grinste.

1 Was bedeutet Pinas Spruch?

**Bennis Zeichnung ist nutzlos, weil er
nicht das Richtige gezeichnet hat.**

2 Wie heißt das Tier, das alle gezeichnet haben? Kreuze an.

☐ Rabe   ☐ Pinguin
☐ Pelikan   ☐ Adler
☒ Vogel Strauß

Siehe
Seite 46
und 47!

3 Zeichne Bennis Bild.

4 Was hat der Lehrer zur Klasse gesagt?

„Malt einen **Strauß**."

APP Check

67

220001792

Anmeldungen im TSV-Kleinkirchen

Letzte Woche liefen die neuen Anmeldungen für die Kurse
im TSV-Kleinkirchen. Die Kinder im Alter von 6 bis 8 und
von 9 bis 11 Jahren konnten verschiedene Kurse wählen.
Hierfür haben sie sich angemeldet:

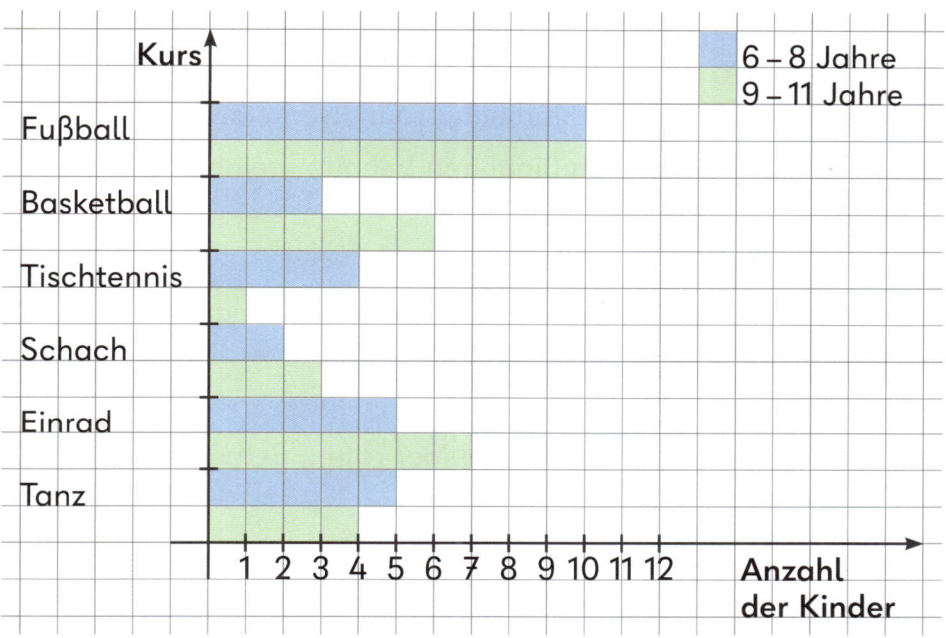

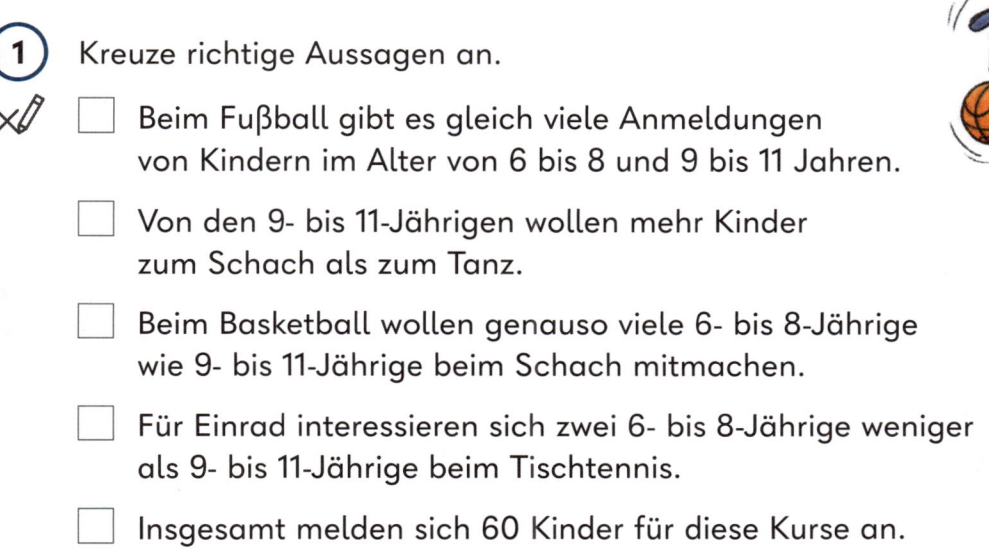

1 Kreuze richtige Aussagen an.

☐ Beim Fußball gibt es gleich viele Anmeldungen
von Kindern im Alter von 6 bis 8 und 9 bis 11 Jahren.

☐ Von den 9- bis 11-Jährigen wollen mehr Kinder
zum Schach als zum Tanz.

☐ Beim Basketball wollen genauso viele 6- bis 8-Jährige
wie 9- bis 11-Jährige beim Schach mitmachen.

☐ Für Einrad interessieren sich zwei 6- bis 8-Jährige weniger
als 9- bis 11-Jährige beim Tischtennis.

☐ Insgesamt melden sich 60 Kinder für diese Kurse an.

Früchtestreit

„Ich bin viel besser als du, weil ich schön saftig bin."

„Aber ich schmecke dafür gemixt mit Milch ganz wunderbar!"

„Was wollt denn ihr? Am besten bin doch ich. Mich braucht man nicht zuerst zu schälen, ehe man in mich hineinbeißen kann."

„Ihr taugt beide nichts. Ihr werdet nämlich braun, wenn ihr längere Zeit an der Luft bleibt. Ich hingegen behalte meine schöne orange Farbe."

„Dafür spritzt du immer so herum, während ich schön weich bleibe, vor allem wenn man mich zerdrückt."

„Ich sehe am Baum wunderbar aus mit meiner roten, gelben oder grünen Farbe."

„Pah, meinst du meine leuchtende Farbe ist nicht viel schöner? Und so rund wie du bin ich schon lange."

„Rund? Wer möchte schon so kugelrund sein? Da ist meine längliche, gebogene Form doch wesentlich eleganter."

„Nun gib nicht so an, wenn du zu lange in der Sonne liegst, wirst du braun und matschig. Ich hingegen werde nur noch saftiger, wenn ich ein kleines Sonnenbad nehme."

„Von meiner Sorte gibt es in Deutschland auf jeden Fall die meisten Exemplare."

1 Welche drei Früchte streiten sich?
Schreibe jede Frucht in einer anderen Farbe auf.

Frucht 1: _____

Frucht 2: _____

Frucht 3: _____

> Denke an die Farbe, die das Obst tatsächlich hat!

2 Unterstreiche im Text die Aussagen der Früchte
mit der Farbe von Aufgabe 1.

3 Diese drei Früchte kannst du auch mit Stichwörtern beschreiben.
Umkreise die passenden Stichwörter zur Frucht mit den Farben aus Aufgabe 1.

kugelrund	mit Schale essbar	weich	orange	gelb
häufig in Deutschland	länglich	verschiedene Farben		saftig

4 Hier werden drei weitere Früchte beschrieben.
Welche Früchte sind das?

rund – rot – saftig – klein – doppelt am Baum: _____

gelb – saftig – sauer: _____

viele – klein – blau oder grün – rund: _____

saftig – außen pelzig – innen grün: _____

Schale hart wie Stein – innen weiß – fest und flüssig: _____

Monstertiere?

Jana hatte nicht damit gerechnet, dass es
eine solche Horde war, die sich in rasantem
Tempo völlig ungeordnet auf sie zubewegte.
Janas Finger krallten sich in die Tüte, die sie
5 bei sich trug. Sie wollte davonlaufen, doch nach
vorn konnte sie nicht flüchten, weil die Vierbeiner
ihr den Weg abschnitten. Nach hinten war
kein Fluchtweg offen, da die Felswand ein Ende
des Weges darstellte. Sie drückte sich gegen den
10 Felsstein. Schon waren die Ungeheuer vor ihr.
Sie konnte ihren Atem an den nackten Beinen und
Armen spüren und ihr borstiges Fell fühlen. Früher
hatte sie diese Tiere für friedliche Wesen gehalten. Aber jetzt!
Nein, sie wollte ihre Tüte nicht hergeben, hielt sie tapfer in die Höhe
15 und umklammerte sie. Eines der Tiere biss in ihr T-Shirt. Und noch
schlimmer: ein Tier machte einen Satz auf sie zu. Seine Hörner
verfehlten knapp ihren Oberarm und krachten gegen den Felsen.
Dann stemmten zwei Tiere auch noch ihre Hufe gegen sie.
Jana kreischte entsetzt.
20 Ein Tier hatte jetzt fast die Tüte erreicht. Jana stellte sich auf die
Zehenspitzen. Da ließ das Monster mit dem Bart von dem Kind ab
und zog sich zurück. Doch kaum war diese Gefahr gebannt,
stemmte sich ein anderes meckerndes Vieh gegen die Felswand und
versuchte so, die Tüte zu erreichen. Jana schrie, so laut sie konnte.
25 Endlich eilte ihr Vater zu ihr, der Sie die ganze Zeit beobachtet hatte.
Er nahm die Tüte in die eine Hand und Jana an die andere Hand,
ging mutig an den ganzen Monstern vorbei, hinaus aus dem Gehege, und
fragte die weinende Jana: „Warum hast du ihnen denn nichts gegeben?"
„Ich wollte, dass sie lernen, sich ordentlich anzustellen!", schniefte Jana.

⭐ **1** Sechs Textstellen geben Hinweise, um welche Tiere es sich handelt. Unterstreiche sie.

> Im Text stehen Hinweise, wie die Tiere aussehen und welche Laute sie von sich geben.

2 Um welche Tiere handelt es sich?

☐ Schafe ☐ Gänse ☐ Pferde ☐ Kühe ☐ Katzen

☐ Lamas ☐ Ziegen ☐ Tiger ☐ Hunde ☐ Zebras

3 Vergleiche mit dem Text. Unterstreiche richtige Aussagen.

- Jana war allein unterwegs und wollte im Zoo die Tiere füttern.

- Jana und ihre Familie machten einen Spaziergang in den Bergen und trafen dabei auf eine freilaufende Tierherde.

- Jana hatte Futter in einer Tüte bei sich und wollte damit die Tiere füttern.

- Die Tiere konnten nicht weiter gehen als bis zur Umzäunung.

- Janas Vater dachte erst, Jana würde mit den Tieren allein fertigwerden.

- Rund um Jana herum befanden sich Felsen.

- Janas Vater bemerkte erst sehr spät, dass Jana in Bedrängnis war.

4 Nummeriere der Reihenfolge nach, was die Tiere mit Jana machten.

_____ Ein Tier traf mit den Hörnern fast ihren Oberarm.

_____ Die Tiere nahmen Jana den Fluchtweg.

_____ Ein Tier biss in ihr T-Shirt.

_____ Die Tiere stemmten die Beine gegen sie.

_____ Die Tiere kamen in schnellem Tempo auf Jana zu.

_____ Die Tiere bliesen ihren Atem an Janas Arme und Beine.

☆ 39

Das Vogelnest

Folgendes hat sich vor 200 Jahren
im Schwarzwald zugetragen:
Ein Mann und eine Frau gingen
an einem See spazieren. Dort stand
5 ein Baum, der sich im Wasser spiegelte.
Im Spiegelbild des Wassers sah das Paar,
dass sich auf einer Astgabelung ein Nest
befand. Als sie aber nach oben blickten,
war dort kein Nest zu sehen.

10 Die Frau kletterte auf den Baum, denn sie wollte wissen, ob sich
darauf ein Nest befand. Oben angekommen sah sie kein Nest,
spürte aber eines! Durch ihr Tasten und das Spiegelbild im Wasser
konnte sie das unsichtbare Nest fassen. Als sie es in den Händen hielt,
wurde sie ebenfalls unsichtbar! Der Mann konnte sie nur noch im
15 Spiegelbild des Wassers sehen. Sie kletterte vom Baum herab und ging
neben dem Mann her. Nun fragte sie ihn: „Kannst du mich sehen?"
Der Mann konnte mit ihr sprechen, sie aber nicht sehen, solange sie
das Nest trug. Er hörte also ihre Stimme und ihre Schritte, sah sie
aber nicht. Schließlich übergab die Frau das unsichtbare Vogelnest
20 ihrem Mann. Sobald dieser es nahm, wurde auch er unsichtbar. Die Frau
aber wurde wieder sichtbar, da sie ja das Vogelnest nicht mehr hielt.
So gingen die beiden eine Weile nebeneinander her. Sie tauschten immer
wieder das Vogelnest und wurden dabei abwechselnd sichtbar und
unsichtbar. Schließlich wickelten beide das wundersame Nest in ein Tuch,
25 das ebenfalls sogleich unsichtbar wurde. Sie nahmen das Nest in dem
Tuch mit in ihr Haus. Zwar konnten sie beides nicht sehen, es aber
jederzeit spüren. Und immer, wenn sie selbst unsichtbar werden wollten,
nahmen sie das Nest in die Hand.

(nach Jakob und Wilhelm Grimm)

1 Wann soll sich diese Sage ereignet haben?
Unterstreiche grün.

2 Wo soll sich diese Sage ereignet haben?
Unterstreiche gelb.

3 Was ist an der Sage unglaublich? Kreuze rot an.
Was kann tatsächlich so sein? Kreuze blau an.

☐ Dass das Nest nur im Spiegelbild zu sehen war.

☐ Dass sich auf einem Baum ein Nest befand.

☐ Dass Menschen unsichtbar wurden, wenn sie das Nest nahmen.

☐ Dass jemand an einem See spazieren ging.

4 Welche Bilder passen zur Geschichte? Kreise sie ein.

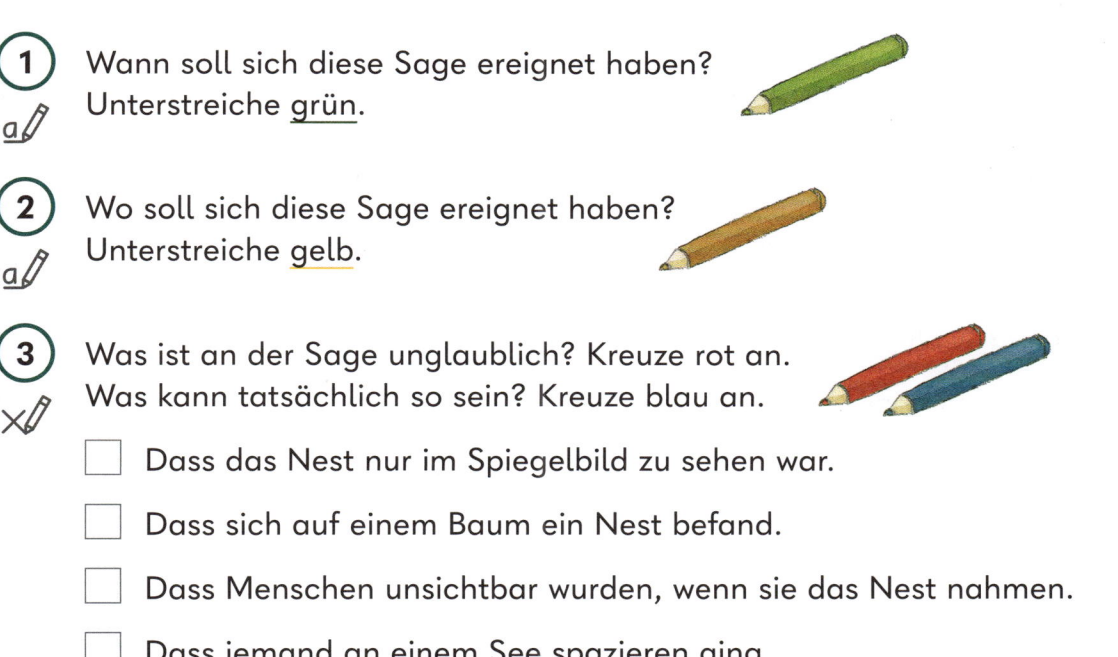

Kannst du mich sehen?

Gartenzwergfrust

E-Mail

Datei	Bearbeiten	Ansicht	Extra	Nachricht

Senden ✉️▶

An:	gartenzwerglein@beispiel.de
Betreff:	Kündigung

Sehr geehrte Damen und Herren!

Hiermit möchte ich mein Abonnement für die Zeitschrift „Gartenzwerglein"
zum 1. November kündigen. Die Zeitschrift wird von meiner Familie und mir
nicht mehr gelesen. Ich möchte Ihnen die Gründe dafür nicht vorenthalten:

Grund 1: Unser armer Gartenzwerg Waldi ist stark beschädigt. Das kam so:
Zunächst ließ ein unverschämter Vogel eine weiße Ladung auf ihn herab
und verunreinigte sein Gesicht. Die Spuren konnte ich nie mehr vollständig
beseitigen, obwohl ich das von Ihnen empfohlene Reinigungsmittel
„Sauberzwerg" im Handel besorgt habe.

Grund 2: Schließlich kam der Nachbarshund, ein Boxer namens
„Klitschko", und warf Waldi einfach um. Dabei fiel der Zwerg
auf einen Stein und brach sich den Arm ab. In Ihrem Artikel „Arm ab –
Superkleber ran" hatte ich gelesen, dass man derartige Schäden
beheben kann, indem man den Klebstoff „Schnell und sauber" benutzt.
Doch Ihr Rat war leider wenig hilfreich: Nachdem der Arm einen halben
Tag lang hielt, kam noch einmal der Boxer und warf den Zwerg
ein weiteres Mal um. Der Arm löste sich dabei und zerfiel in tausend Teile.
Leider kann man mit „Schnell und sauber" so viele Teile nicht mehr kleben.
Ich fürchte, dass wir Abschied von Waldi nehmen müssen.

Grund 3: Ihre Zeitschrift heißt „Gartenzwerglein". Nun handelt es sich
bei Waldi aber um einen Gartenzwerg von einem Meter Größe. Auch
unser zweiter Zwerg „Fröhlichmann" misst eine Länge von immerhin
80 Zentimetern. Mit „Gartenzwerglein" ist aber wohl eher ein Zwerg
gemeint, der unter einem halben Meter groß ist. Vielleicht sollten
Sie sich einen passenderen Namen für Ihre Zeitschrift überlegen.

Mit freundlichen Grüßen
Carla Meckermund

Die Redaktion der Zeitschrift „Gartenzwerglein"
antwortet auf Frau Meckermunds E-Mail.
Welche Antwort passt zu welchem Grund? Trage die Nummern ein.

An:	clara.meckermund@beispiel.de
Betreff:	Ihre Kündigung

zu Grund _____ :

Sie haben den Leserkreis für die Zeitschrift „Gartenzwerglein" richtig
erfasst. Für Ihre Interessengruppe führen wir das Heft „Zwergriese".
Durch dieses zusätzliche Angebot an Zeitschriften können wir besser
auf die Bedürfnisse unserer Leserinnen und Leser und ihrer Zwerge
eingehen ...

zu Grund _____ :

Es ist uns unerklärlich, weshalb offensichtlich Schmutzreste auf Ihrem
Zwerg haften blieben. Bisher konnte mit dem im Artikel angegebenen
Mittel jede Verunreinigung spurlos entfernt werden. Wir empfehlen,
die Gebrauchsanweisung genau zu befolgen ...

zu Grund _____ :

Wir gehen davon aus, dass an der Zerstörung und den Problemen
bei der Reparatur des Zwerges nicht das von uns empfohlene Produkt
Schuld hat. Ganz offensichtlich ist die Abfolge der Ereignisse,
verursacht durch das Nachbarsungeheuer, für das Unglück
verantwortlich zu machen ...

Stars-Check: Sagen

1 Wie könnte eine Sage beginnen?

☐ Es war einmal ein König, der hatte zwei Töchter.

☐ Als ich gestern mit dem Hund rausging, ist etwas Unglaubliches passiert.

☐ In Bingen am Rhein steht ein alter Turm, der „Mäuseturm" genannt wird.

2 Was wird in einer Sage vermischt?

☐ etwas Wirkliches und etwas Fantastisches

☐ eine Lüge und ein Witz

☐ Reime und Berichte

3 Welches Ende passt zu einer Sage?

☐ Wenn zwei sich streiten, freut sich der Dritte.

☐ Und so kam dieser Ort zu seinem Namen.

☐ Sie lebten glücklich und zufrieden bis an ihr Lebensende.

4 Was passiert in welcher Sage? Schreibe die Titel auf und ergänze die Sätze.

1 _____ S. ____

Kleine _____ verwandeln _____

in _____. Daher kommt der _____

des Berges.

2 _____ S. ____

Vor _____ im _____

haben ein Mann und eine Frau ein _____

gefunden, das _____ macht.

APP Check

Bananenbrot und Bananen-Smoothie

1 Hier sind zwei Rezepte durcheinandergeraten.
Unterstreiche: Bananenbrot = <u>braun</u>, Bananen-Smoothie = <u>gelb</u>

- Zutaten für 4 Gläser:
  5 reife Bananen, 850 ml kalte Milch,
  1 Päckchen Vanillezucker, Eiswürfel.
  Für die Dekoration: frische Minze-Blätter

Wenn du die Rezepte ausprobieren willst, kontrolliere vorher deine Lösungen!

- Zutaten für 1 Brot (10 dicke Scheiben):
  3 reife Bananen, 80 ml Sonnenblumenöl,
  100 g brauner Zucker, 2 Eier,
  200 g Mehl, 3 TL Backpulver, 1 Prise Salz,
  1 Päckchen Vanillezucker, 1 Prise Zimt, etwas Butter.
  Für die Dekoration: backfeste Schokotropfen

- Ofen auf 180 Grad vorheizen und Kastenform
  mit der Butter einfetten.

- Bananen schälen und mit einer Gabel zu Püree zerdrücken.
  Öl, Zucker und Eier verquirlen.

- Bananen schälen, in Stücke schneiden und in einem Rührgefäß pürieren.
  Das Püree mit der kalten Milch aufgießen, den Vanillezucker hinzugeben.

- Mehl, Backpulver, Salz, Zimt und Vanillezucker vermischen,
  dann die Eier-Masse und danach das Bananen-Püree unterrühren.

- Alles gut mixen, bis die Trinkmischung schön cremig ist.

- Teig in die Form füllen, Schokotropfen darüber verteilen und
  im vorgeheizten Ofen ca. 50 Minuten backen.

- Eiswürfel auf vier Gläser verteilen und das Getränk daraufgießen,
  mit Minze-Blättern dekorieren und direkt servieren.

- Nach dem Auskühlen das Backwerk aus der Form nehmen.

Alles über Katzen

1 Das war alles für die Katz!

2 Die Katze im Sack kaufen.

3 Nur Katzenwäsche machen.

4 Die Katze aus dem Sack lassen.

5 Wie eine Katze um den heißen Brei herumschleichen.

6 Ist die Katze aus dem Haus, tanzen die Mäuse auf dem Tisch.

(1) Welche Redewendung passt zu welcher Erklärung und zu welcher Beispiel-Geschichte? Ordne die Nummern richtig zu.

Erklärungen

_____ Um etwas herumreden, etwas Unangenehmes nicht klar aussprechen.

_____ Etwas ist nutzlos, vergeblich.

_____ Endlich mit der Sprache herausrücken, etwas endlich erzählen.

_____ Unbeaufsichtigt etwas tun, was man eigentlich nicht darf.

_____ Sich schnell und weniger gründlich waschen.

_____ Etwas kaufen, ohne es vorher genau angesehen zu haben.

Beispiel-Geschichten

_____ Rieke weiß genau, dass sie eigentlich nicht in den Kirschbaum klettern soll, aber Mama werkelt in der Garage und kann sie nicht sehen. Flink wie eine Katze hangelt sich Rieke hoch. Die Kirschen ganz oben schmecken einfach am besten!

_____ Der Hausmeister Herr Murr hat am Morgen die Herbstblätter vor dem Schuleingang zur Seite gefegt. Als er gerade den Besen wegstellt, stürmen ein paar Kinder lachend durch den Blätterberg. Im Nu liegen die Blätter wie vorher vor dem Eingang. Herr Murr ruft: „Och Kinder, jetzt war meine Arbeit ganz umsonst!"

_____ Eigentlich ist heute Badetag für Laurens und Liane. Die beiden sind nur sehr spät dran und wollen den Anfang ihrer Lieblingsserie nicht verpassen. „Heute reicht auch Hände und Gesicht waschen", schlägt da Liane vor.

_____ Onkel Pit hat Geburtstag. Lotte druckst vor der Abfahrt herum: „Jetzt sitzen wir eine Stunde im Auto. Bestimmt gibt es wieder nur Torte, die mag ich nicht. Und dann sprecht ihr Erwachsenen die ganze Zeit nur ..." Da fragt die Mutter: „Lotte, was möchtest du mir eigentlich sagen?"

_____ Mama bestellt manchmal Sachen im Internet. Oft sagt sie dann: „Ich bin sehr gespannt, wie das Teil wirklich aussieht."

_____ Mama und Papa haben sich immer so seltsam angeschaut. Irgendetwas haben sie mir verheimlicht, das habe ich genau gespürt. Eben haben sie mich zu sich gerufen. Jetzt weiß ich, was los ist, und freue mich sehr: Ich bekomme eine Schwester ... oder einen Bruder.

Eine ganz besondere Landschaft

Erst nach der letzten Eiszeit, vor ungefähr 10.000 Jahren, entstanden Moore. Sie bildeten sich in Mulden mit einer wasserundurchlässigen Tonschicht am Boden. Da das Regenwasser dort nicht abfließen konnte, entstanden Seen mit Wasserpflanzen.
5 Starben diese Pflanzen ab, sanken sie auf den Boden und bildeten mit der Zeit eine immer dickere Schlammschicht: das Moor.

Moorlandschaften sind sehr empfindlich und müssen geschützt werden. Sie sind die letzten Rückzugsgebiete einiger seltener Pflanzen und Tierarten. Du findest dort besondere Moose, Wollgräser,
10 Zwergsträucher, seltene Schmetterlinge, Spinnen und Käfer.

Moore haben für unser Klima einen großen Nutzen, denn sie speichern Kohlenstoffdioxid, das CO_2. Moore können also dabei helfen, dass nicht zu viel klimaschädliches CO_2 in der Luft ist. Moore dienen auch als Wasserspeicher. Sie saugen sich voll,
15 wie Schwämme bei starken Regenfällen, Überschwemmungen und Hochwasser. Sie speichern das Wasser und geben es in niederschlagsarmen Zeiten wieder ab. So sorgen Moore für eine ausgeglichene Wasserzufuhr. Der Schutz der Moore ist wichtig!

1 Schreibe die passenden Überschriften über die Abschnitte.

| Moorschutz ist Klimaschutz | Wie ein Moor entsteht |

| Pflanzen und Tiere im Moor |

2 Für wen sind Moore die letzten Rückzugsgebiete?
Schreibe in die Tabelle.

Tiere	Pflanzen

3 Was stimmt nicht? Streiche falsche Aussagen durch.

Moore entstanden vor der Eiszeit.

Moore speichern viel CO_2.

Moore können nur wenig Wasser aufnehmen.

Moore bieten seltenen Tieren und Pflanzen einen Lebensraum.

Unter Mooren befindet sich eine Tonschicht.

Moore verursachen Überschwemmungen.

4 Wieso sorgen Moore für eine ausgeglichene Wasserzufuhr?
Suche die Erklärung im Text und schreibe den Satz auf.

_____

_____

Geheime Abmachungen

Fred Finster, Karl Knast und Lilo Langfinger trafen sich
im Café am Eck. Sie führten nichts Gutes im Schilde.
„Abm Mobntabgfrübh gebht ebs lobs", sagte Fred Finster.
Er ließ seinen Blick durch das Café schweifen, um sicher zu gehen,
5 dass niemand zuhörte. Aber selbst wenn, war es kein Problem.
Sicher verstand niemand ihre Geheimsprache!
„Um wlch Uhrzit solln wir uns trffn?", fragte Lilo Langfinger.
Ihre Geheimsprache war am schwierigsten auszusprechen.
Sie konnte das trotz ihrer piepsigen Stimme sehr gut.
10 „Äm ächt Ähr träffän wär äns", schlug Karl Knast vor.
„Abllebs klabr!", nickte Fred.
„Abr wir tun dn Bankangstlltn nichts!", sagte Lilo.
„Nän, wär ärschräckän sä när. Dänn räckän sä däs Gäld räs."
„Ubnd dabnn haubebn wibr schnebll abb!", feixte Karl.
15 Die drei lachten nun so laut, dass ein paar Gäste des Cafés
sie fragend anschauten.
Im nächsten Augenblick stand ein Mann vom Nebentisch auf,
ging auf sie zu und sprach mit tiefer Stimme:
„Puluzu! Us dum Plun wurd nuchts. Uhr sud vurhuftut!"
20 Die drei Banditen sahen sich fragend an. Was sprach der Mann
für eine seltsame Sprache? Und was wollte er von ihnen?

1 Was haben die drei Banditen vor?

✗ ☐ Sie wollen ein Bild stehlen. ☐ Sie wollen eine Bank ausrauben.

☐ Sie wollen ein Auto knacken. ☐ Sie haben nichts Besonderes vor.

2 Wann wollen sich die Banditen treffen?

_____

3 Was will der Mann vom Nebentisch von den Banditen?

✗ ☐ Er ist auch ein Bandit und will ihnen helfen.

☐ Er will sie fragen, welche Sprache sie sprechen.

☐ Er ist ein Polizist und will sie verhaften.

4 Übersetze, was der Mann vom Nebentisch sagt.

_____

_____

5 Wer spricht welche Geheimsprache? Schreibe den Namen dazu.

_____ : Nach jedem Vokal, Umlaut oder Zwielaut
wird ein b eingefügt.

_____ : Alle Vokale, Umlaute oder Zwielaute
werden als Ä / ä gesprochen.

_____ : Alle Vokale, Umlaute oder Zwielaute
werden als U / u gesprochen.

_____ : Das E / e wird nicht gesprochen.

6 Wer sagt diesen Satz?

_____ : „Nän, wär ärschräckän sä när.“

Mittagessen in der Schule

Speiseplan vom 29.9. bis 3.10.		
Tag	**Menü A**	**Menü B**
Mo 29.09.	Lasagne, Salat Obst	Gemüseauflauf mit Käse, Salat, Obst
Di 30.09.	Putengulasch, Reis, Obstquark	Kartoffelpuffer mit Apfelmus, Obstquark
Mi 01.10.	Fischstäbchen, Kartoffelsalat, Eis	Käsespätzle, Salat Eis
Do 02.10.	Schinkennudeln, Salat Joghurt	Pizza, Salat, Joghurt
Fr 03.10.	–	–
!!Wichtig!! Essensmarken werden ab sofort nur noch in 5er-Päckchen zu 20 € verkauft.		

Tischzeiten

Mo–Do: 12.00–13.30 Uhr

Fr: 11.30–13.30 Uhr

Bei mir gibt es heute Fisch.
Und morgen auch.
Und übermorgen auch ...

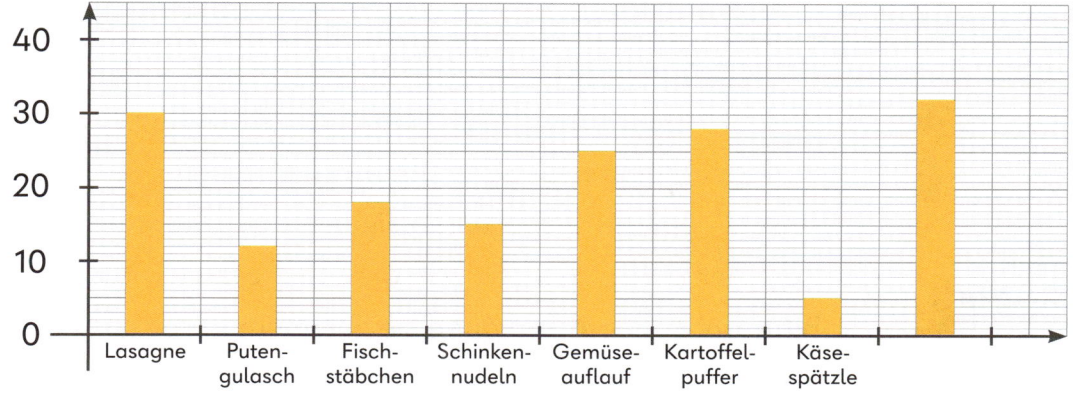

40

30

20

10

0

Lasagne | Puten-gulasch | Fisch-stäbchen | Schinken-nudeln | Gemüse-auflauf | Kartoffel-puffer | Käse-spätzle | _____

1 Lies das Diagramm. Ergänze das fehlende Gericht.

Wie viele Kinder essen in dieser Woche das Menü A? _____

Wie viele Kinder essen in dieser Woche das Menü B? _____

Welches Gericht wurde am häufigsten gewählt? _____

An welchem Tag essen die wenigsten Kinder in der Schule?

_____

An welchen Tagen gibt es Gerichte mit Kartoffeln?

_____ und _____

2 Wie viele Stunden pro Woche ist der Speiseraum geöffnet?

_____

3 In der Klasse 4 b nehmen vom 29.9. bis 2.10. täglich 15 Kinder am Mittagessen teil. Welcher Betrag muss dafür bezahlt werden?

_____

4 Warum gibt es an diesem Freitag kein Mittagsmenü?

_____

Blattschneiderameisen

In Südamerika sind Blattschneiderameisen weit verbreitet.
Sie sind größer als ihre Artgenossen hier bei uns.
Wie ihr Name schon sagt, schneiden sie mit ihren
kräftigen Beißwerkzeugen Stücke aus Blättern heraus.

5 Anschließend transportieren sie diese in unterirdische
Kammern. Sie ernähren sich aber nicht direkt von diesen
Blättern, sondern zerkauen sie zu einem Brei. Auf diesem Brei
züchten die Blattschneiderameisen einen Pilz, der ihnen als
Nahrung dient. Diese Partnerschaft zwischen Ameise und Pilz

10 ist so eng, dass beide nicht ohneeinander leben können.
Diese faszinierenden Lebewesen leben in riesigen Kolonien mit bis zu
8 Millionen Tieren. In so einem Ameisenstaat sind die Aufgaben
streng verteilt: Die größte Ameise ist die Königin. Sie kommt
nie ans Tageslicht. Sie ist die einzige, die Eier legt, aus denen

15 die Larven schlüpfen. Die Eier legt sie in Zuchtkammern ab.
Die Maxima-Arbeiterin zerschneidet mit ihren kräftigen
Beißwerkzeugen Blätter und befördert die Blatteile anschließend
zum Bau. Dabei trägt sie die Stücke wie ein aufgespanntes Segel
über ihrem Kopf. Man nennt sie deshalb auch „Sonnenschirm-Ameise".

20 Am Ameisennest wird die Ladung von den etwas
kleineren Media-Arbeiterinnen übernommen.
Sie schleppen die Blattstückchen nach unten in den Bau
und geben sie an die Minima-Arbeiterinnen, die kleinsten
des Staates, weiter. Diese zerkauen die Teile zu einem Brei

25 und verteilen diesen dann auf die Zuchtkammern. Dort
wachsen nun Pilzflechten heran, die die Ameisen selbst
fressen und auch an ihre Larven verfüttern.
Um den Ameisenbau gegen Eindringlinge zu verteidigen,
stehen einige besonders große Ameisen bereit: Die Soldaten.

30 An ihrem Kopf befinden sich beachtliche Beißzangen.

APP Audio: zuhören
Audio: mitlesen

1 Streiche falsche Aussagen durch.

- Die Blattschneiderameise ist in Europa weit verbreitet.

- Sie ist größer als ihre Artgenossen bei uns.

- Mit ihren kräftigen Vorderbeinen schneidet sie Stücke aus den Blättern.

- Jungtiere sammeln die Blattstücke ein.

- Zwischen Pilz und Ameise entsteht eine Partnerschaft.

- Die Königin verlässt ihr Nest zum Eier legen.

- Die Aufgaben in einem Ameisenstaat sind gut verteilt.

- Blattteile werden von den Ameisen wie Segel über dem Kopf getragen.

- Die Königin nennt man auch „Sonnenschirm-Ameise".

- Die Maxima-Arbeiterin zerschneidet die Blätter.

- Am Ameisennest übernehmen größere Media-Arbeiterinnen die Blattstücke.

- Media-Arbeiterinnen transportieren die Laubteile zum unterirdischen Nestbau.

- Die Blattschneiderameise ernährt sich von Blättern.

- Die kleinsten Ameisen sind die Minima-Arbeiterinnen.

- Minima-Arbeiterinnen verschlucken Teile vom Brei.

- In einer Kolonie leben bis zu drei Millionen Ameisen.

- Ameisen verfüttern Larven an die Pilzstückchen.

- Soldaten haben an ihren Beinen besonders große Zangen.

- Auf den zerkauten Blattstücken wachsen Pilze.

- Ohne die Ameisen könnten die Pilze nicht leben.

Rund um den Müll

1 Entscheide, ob die Aussagen **T**atsache (**T**) oder **M**einung (**M**) sind. Notiere den entsprechenden Buchstaben im Kästchen dahinter.

> Eine **T**atsache ist etwas, das immer gilt und bewiesen ist, z. B.: „Glasflaschen sind schwerer als Plastikflaschen."

> Eine **M**einung ist, wenn jemand etwas in einer bestimmten Art empfindet, z. B.: „Ich finde Glasflaschen schöner als Plastikflaschen."

Müll oder Abfall, der nicht wiederverwendet werden kann, heißt Restmüll.	
Müll, den wir wiederverwenden können, zum Beispiel Glas und Papier, nennen wir Wertstoff.	
Ich finde Verpackungen praktisch.	
Restmüll wird in einer Müllverbrennungsanlage verbrannt.	
Altpapier und Altglas werden in Wertstoff-Containern gesammelt.	
Es ist lästig, den Müllbeutel zur Restmülltonne zu tragen.	
Äpfel lose zu kaufen, verringert den Verpackungsmüll.	
Aus sauberem Müll etwas zu basteln, macht Spaß.	
Auf viele Flaschen und Dosen gibt es Pfand, damit die Menschen die leeren Behältnisse in die Geschäfte zurückbringen.	
Die Müllabfuhr kostet Geld.	
Menschen sollten die Verantwortung für ihren Müll tragen, damit andere Lebewesen und die Natur nicht darunter leiden.	
Wer wiederaufladbare Batterien (Akkus) kauft, hat weniger Müll und spart auf Dauer sogar Geld.	
Recycling ist das Fremdwort für Wiederverwertung.	
Es ist spannend, zum Recycling-Hof zu fahren.	

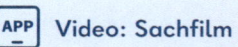 Video: Sachfilm

Stars-Check: Sachtexte

Besonders an heißen Tagen ist es wichtig, viel zu trinken.
Dabei ist Wasser das beste Getränk. Es löscht den Durst und
versorgt deinen Körper direkt mit Flüssigkeit. Weil es keine Kalorien
hat und keinen Zucker enthält, ist es die gesündeste Erfrischung.
Auch ungesüßte Früchtetees oder Kräutertees sind prima Durstlöscher.
Früchte mit hohem Wassergehalt stillen ebenfalls deinen Durst.
Dazu gehören saftige Früchte wie die Salatgurke und die Wasser-
melone. Sie sind prall gefüllt mit Wasser. Aber auch Tomaten, Orangen,
Radieschen und Erdbeeren sind sehr wasserreich. Wenn wir sie essen,
nehmen wir jede Menge Flüssigkeit auf und lindern so den Durst.

1 Welche Getränke eignen sich besonders
gut gegen Durst? Unterstreiche im Text.

2 Welche Früchte sind gute Durstlöscher? Kreuze an.
Schreibe auf, warum.

☐ Banane   ☐ Kartoffel   ☐ Tomate   ☐ Orange

☐ Karotte   ☐ Salatgurke   ☐ Nuss   ☐ Dattel

☐ Radieschen   ☐ Wassermelone   ☐ Erdbeere

_____

3 Suche im Text Verben gegen den Durst.

Durst _____   Durst _____   Durst _____

4 Warum ist Wasser der gesündeste Durstlöscher?
Suche die Textstelle und vervollständige den Satz.

Weil es _____

und _____ .

Missverständnisse

Bei manchen Wörtern musst du genau überlegen, welche Bedeutungen sie haben könnten.

An Ihrem Schaufenster steht: NEUERÖFFNUNG. Sind Sie Herr Neuer? Wo befindet sich diese Öffnung? Ist das eine Öffnung in einem Felsen, also eine Art Höhle? Verlangen Sie für die Höhlenbesichtigung Eintritt, Herr Neuer?

Auf dem Angebotsschild vor Ihrer Ladentür steht: GÜNSTIGE BLUMENTOPFERDE. Wo sind denn die Pferde? Kann man sie reiten? Wie groß sind die Vierbeiner? Was kosten sie?

Sie haben einen SCHIMMEL zu verkaufen? Und dafür wollen Sie 5000 Euro? Finden Sie das nicht ein bisschen teuer? Schimmel kann ich mir schließlich selbst auch züchten: Ich brauche nur eine Tomate in eine Plastikdose zu legen und sie ein paar Wochen stehenzulassen. Dann bekomme ich richtig schönen Schimmel!

Ich möchte gerne Ihr besonderes Ei kaufen. Gibt es dieses Ei auch einzeln oder ist das KONDITOREI so klein, dass man besser mehrere davon nehmen sollte? Verwenden Sie das Konditorei auch für Ihre Torten hier?

1 Welches Wort wurde missverstanden?
Trage es bei der passenden Antwort ein.

Ihr _____
kann aber nicht galoppieren.

Unseren Laden hat es vorher
nicht gegeben. Deshalb steht
die Aufschrift _____
draußen.

In unserer _____
gibt es nur Waren, in denen
normale Eier enthalten sind.

Ein Sack _____
kostet 5,90 Euro und ist für alle Pflanzen geeignet.

2 Warum kam es zu den Missverständnissen?
Schreibe die missverstandenen Wörter zu den passenden Erklärungen.

Diese Wörter wurden falsch betont: _____

_____, _____

Dieses Wort hat eine doppelte Bedeutung: _____

3 Diese Wörter haben auch eine doppelte Bedeutung: Maus, Bank, Flügel.
Male das Wort und die beiden Bedeutungen in der gleichen Farbe an.

Maus   Bank   Flügel

Tasteninstrument   Sitzgelegenheit   Tier   Körperteil eines Vogels

Geldinstitut   Computerzubehör

Hexenfest

„Dumdidumdidei, Suppe herbei!", rief Junghexe Adelina
und zeichnete mit dem Zauberstab Kreise in die Luft.
Im nächsten Moment stand ein großer Topf
mit einer duftenden, klaren Hühnersuppe vor ihr.

5 „Igitt, was ist das!", rief Oberhexe Bellaknax. „Gleich
beginnt das Fest. Wir brauchen eine echte Hexensuppe.
Die hat giftgrün zu sein, stinkt nach altem Spinnenfurz und
es schwimmen Krötenaugen darin. Was ist heute nur los?
Keine eklige Hexensuppe, keine falschen Töne, denn

10 die Musikerinnen haben ihre Geigen gestimmt.
Selbst die Sonne scheint. Es ist wie nicht verhext!
So schön kann man doch nicht feiern!"

Da schwebte die alte Hexe Moriko auf ihrem Besen
näher. Genau als ihre Füße den Boden berührten,

15 fuhr ein silberner Blitz in den Suppentopf.
Giftgrün leuchtete die Suppe jetzt und
Krötenaugen schauten heraus. Der Himmel
wurde schwarz, es donnerte und blitzte.
Und mit dem Gestank nach Spinnenfurz,

20 der sich ausbreitete, kamen die Gäste angeflogen.
Die Musik war herrlich schief, es wurde
ein grässliches Fest. Die Hexen tanzten
bis tief in die dunkle Nacht ums Feuer.

1 Wie heißen die Hexen? Ergänze die Namen.

Oberhexe _____   alte Hexe _____

Junghexe _____

2 Was mögen die Hexen? Verbinde.

die schiefe •   • Suppe

die stinkende •   • Nacht

das schlechte •   • Musik

die dunkle •   • Wetter

3 Was gehört in die Hexensuppe? Kreise ein.
Male die Suppe in der richtigen Farbe an.

Putzlappen-streifen   Schuhsohlen   Kröten-augen

Schimmelpilz

Gestank von Spinnenfurz   Kieselsteine   Gestank von Mäusepups   rostige Schrauben

Glibber-käse

4 Das Hexenfest war zuerst wie nicht verhext. Warum?
Setze passende Adjektive ein.

Es war zuerst zu _____ .

Hexen wollen ein _____ Fest!

Wissenswertes über Planeten

Es gibt viele verschiedene Sonnensysteme im Weltall.
Die meisten haben zwei Sonnen, wir haben eine.

Um unsere Sonne wandern acht Planeten in kreisähnlichen Bahnen.
Die Sonne ist für die Wärme zuständig. Je nach Entfernung von
5 der Sonne herrschen verschiedene Temperaturen auf den Planeten.

 Der bräunlich aussehende Merkur ist der kleinste und am nächsten
zur Sonne stehende Planet. Tagsüber kann es auf dem Merkur
350 Grad Celsius heiß werden, nachts ist es eisigkalt,
zum Beispiel −170 Grad Celsius.

10 Der größte Planet ist der Jupiter, der etwa elfmal so groß wie
die Erde ist. Er zieht zwischen Mars und Saturn seine Bahnen.

Die Venus hat ihre Umlaufbahn um die Sonne zwischen
Merkur und Erde. Sie ist ungefähr so groß wie die Erde
und ständig von Wolken umgeben.

 15 Der Erde ist zu großen Teilen von Meer bedeckt,
weshalb sie vom Weltall aus blau erscheint.

Von der Sonne aus gesehen ist der vierte Planet der Mars.
Er hat eine rötliche Farbe, weil im Marsgestein Eisen enthalten ist.
Ein Forschungsteam hat herausgefunden, dass es dort viele große
20 Steinbrocken und Vulkane gibt.

Der Saturn ist umgeben von einem Ring aus
herumfliegenden Eisbrocken und Staub. Neben dem Saturn
zieht zunächst der Uranus, dann der Neptun seine Kreise.

Oftmals kreisen Monde um die Planeten. So gehören
25 zum Planeten Neptun elf Monde, zum Planeten Uranus
sogar 24 Monde!

1 Schreibe die acht Planeten geordnet nach ihrer Entfernung zur Sonne auf.

Sonne

1. _____

2. _____

3. _____

4. _____

5. _____

6. _____

7. _____

8. _____

Du kannst zuerst die Namen der Planeten im Text unterstreichen.

2 Welche Planeten sind das?

_____   _____

3 Kreuze richtige Aussagen an.

☐ Eisen färbt Gestein rötlich.

☐ Eine Wolkenhülle umgibt den Mars.

☐ Die Venus ist etwa elfmal kleiner als der Jupiter.

☐ Alle Planeten haben mehrere Monde, die sie umgeben.

☐ Die Erde ist ein blauer Planet.

☐ Auf dem Merkur gibt es große Temperaturunterschiede.

Verdächtige Gestalten

Kapitänin Jakobs steuerte nachdenklich das Schiff
aus dem Kieler Hafen Richtung Danzig. Die Ladung,
die sie diesmal an Bord hatten, war besonders wertvoll.
Sie transportierten zehn grüne Kisten mit weißer Aufschrift,
5 in denen sich Gewürze befanden, acht braune Kisten
mit schwarzer Aufschrift, in denen sich Glasgut befand,
und zwei ebenfalls braune Kisten, aber mit weißer
Aufschrift, in denen Edelsteine gelagert wurden.
Kapitänin Jakobs war es gewohnt, oftmals wertvolle Güter von Deutschland
10 aus zunächst zu der polnischen Hafenstadt, dann nach Lettlands Hauptstadt
Riga, schließlich nach Tallinn, der Hauptstadt Estlands, weiter zum russischen
St. Petersburg und schließlich nach Helsinki, der Hauptstadt Finnlands, zu
transportieren. Die letzte Anlaufstelle vor der Rückfahrt nach Kiel war dann
immer Stockholm, die Hauptstadt Schwedens. Wenn sie bis dahin alle Kisten
15 im richtigen Hafen abgeliefert hatte, war Kapitänin Jakobs froh.

Was die Kapitänin diesmal beunruhigte, waren die drei
neuen Seeleute an Bord. Fred Johanson, mit seinen
auffallend blauen Augen und den gelockten braunen
Haaren, war wortkarg und lachte nie. Ole Neumann, die
20 andere zwielichtige Gestalt mit blondem Lockenkopf,
grinste zwar immerzu, war aber ebenfalls wenig
gesprächig. Umso mehr redete Jana Fleischer, deren
dunkelgelockte Haare ihr bis zu den Schultern reichten.
Irgendwie kam sie Kapitänin Jakobs verdächtig vor.
25 Jana war oft verlegen, so als habe sie etwas angestellt.
Die Edelsteine sollten eigentlich im vorletzten Hafen,
den sie vor der Rückkehr nach Kiel anliefen, das Schiff

verlassen. Das Glasgut war zur Hälfte für die Hauptstadt Estlands, zur anderen
Hälfte für die schöne russische Stadt bestimmt. Die grünen Kisten sollten das
30 Schiff in Danzig und Riga verlassen.

1 Zeichne den Weg des Schiffs ein. Schreibe neben die Städte, welche Güter hier ausgeladen werden sollen.

> Manche Kärtchen bleiben leer.

2 Lies hier die Geschichte weiter und setze die fehlenden Namen ein.

Der braungelockte Matrose mit dem Vornamen _____

lud drei braune Kisten mit schwarzer Aufschrift und eine braune Kiste mit

weißer Aufschrift in Tallinn aus. An der zweiten Haltestelle, nämlich in

_____, schaffte der blonde Matrose fünf grüne Kisten mit weißer

Aufschrift und eine braune Kiste mit schwarzer Aufschrift vom Schiff.

Vier braune Kisten mit schwarzer Aufschrift wurden im vierten Anlaufhafen,

nämlich in _____, durch die redselige Person

_____ von Bord gebracht. Zwei braune Kisten, eine weiß,

die andere schwarz beschriftet, verließen in Finnlands Hauptstadt

_____ durch das tatkräftige Zutun der Person mit den

blauen Augen, mit Namen _____, das Schiff.

Kapitänin _____ hatte also Recht behalten: Einer der neuen

Seeleute hatte eine Kiste Edelsteine in _____ unerlaubter Weise

von Bord gehen lassen. Diese Person war _____.

Lustiges zum Schluss

1 Was gehört zusammen? Trage die Buchstaben für die Lösung ein.

1 Was ist grün und klopft an die Tür?	eine Freuschrecke	L
2 Was ist rot und winzig klein?	ein Schmollkornbrot	T
3 Was ist grün, fröhlich und hüpft von Grashalm zu Grashalm?	ein 3-Gänge-Menü	S
4 Was sitzt auf dem Baum und winkt?	eine Miesmuschel	I
5 Was sitzt auf einem Ast und weint?	die Flohmate	H
6 Was bestellt ein Maulwurf im Restaurant?	eine Heule	S
7 Wo wohnen Katzen?	auf dem Fliegestuhl	L
8 Was liegt am Strand und ist schlecht gelaunt?	der Klopfsalat	C
9 Was macht eine Katze im Fitness-Studio?	„Ah! Heu!"	S
10 Worauf liegst du am Wolkenmeer?	im Mietzhaus	M
11 Was ist das Gegenteil von Japan?	ein Spionat	I
12 Was sagt der Pirat auf dem Bauernhof?	ein Karamel	G
13 Was ist gesund und schnell beleidigt?	ein Huhu	U
14 Was ist grün und schaut durchs Schlüsselloch?	den Muskelkater suchen	T
15 Was ist braun und klebt in der Wüste?	Neinpan	U

S __ __ __ __ __ __   __ __ __   __ __ __ __ __ __ !

   1   2   3   4   5   6   7   8   9   10 11 12 13 14 15

Stars-Check: Geschichten

„Bennis Zeichnung ist ja wohl für die Katz!", wisperte Pina und verdrehte die Augen. Der Lehrer warf ihr einen strengen Blick zu. An der Tafel hingen 19 Zeichnungen mit einem Vogel darauf, der nicht fliegen, aber schnell laufen konnte: Er hatte lange Beine, Federn, einen langen Hals und einen kleinen Kopf mit einem spitzen Schnabel. Nur auf Zeichnung Nummer 20 waren zwei orange, drei rote und vier lila Blumen zu sehen, die in einer Vase standen. „Dein Bild sieht hübsch aus", sagte Doro zu dem Künstler, „auch wenn du nicht gezeichnet hast, was Herr Gurke gesagt hat." Herr Gurke schmunzelte: „Na ja, eigentlich hast du schon das Passende gemalt!" Benni nickte und grinste.

1 Was bedeutet Pinas Spruch?

✎ _____

_____

2 Wie heißt das Tier, das alle gezeichnet haben? Kreuze an.

☐ Rabe ☐ Pinguin

☐ Pelikan ☐ Adler

☐ Vogel Strauß

Siehe Seite 46 und 47!

3 Zeichne Bennis Bild.

4 Was hat der Lehrer zur Klasse gesagt?

✎ „Malt einen _____."

APP Check

Deutsch-Stars

Lesetraining 4

Erarbeitet von: Sylvia Gredig, Ursula von Kuester, Annette Webersberger

Auf der Grundlage der Ausgabe von: Cornelia Scholtes, Ursula von Kuester, Annette Webersberger

Redaktion: Dr. Birgit Waberski

Illustration: Sandra Reckers, Münster

Umschlaggestaltung: Corinna Babylon, Berlin

Layout: Heike Börner, Berlin

Satz: PER Medien & Marketing GmbH, Braunschweig

www.cornelsen.de

1. Auflage, 1. Druck 2025

Alle Drucke dieser Auflage sind inhaltlich unverändert und können im Unterricht nebeneinander verwendet werden.

© 2025 Cornelsen Verlag GmbH, Mecklenburgische Str. 53, 14197 Berlin, E-Mail: service@cornelsen.de

Druck: Athesiadruck GmbH, Bozen

ISBN 978-3-464-81505-2